Sistemas de información y bases de datos en consumo

Juan Dueñas Nogueras

ic editorial

Sistemas de información y bases de datos en consumo
© Juan Dueñas Nogueras

1ª Edición

© IC Editorial, 2025

Editado por: IC Editorial
c/ Cueva de Viera, 2, Local 3
Centro Negocios CADI
29200 Antequera (Málaga)
Teléfono: 952 70 60 04
Fax: 952 84 55 03
Correo electrónico: iceditorial@iceditorial.com
Internet: www.iceditorial.com

ISBN: 978-84-1184-707-0
Depósito Legal: MA 548-2025

Impresión: PODiPrint
Impreso en Andalucía – España

Nota de la editorial: IC Editorial pertenece a Innovación y Cualificación S. L.

Presentación del manual

El **Certificado de Profesionalidad** es el instrumento de acreditación, en el ámbito de la Administración laboral, de las cualificaciones profesionales del Catálogo Nacional de Cualificaciones Profesionales adquiridas a través de procesos formativos o del proceso de reconocimiento de la experiencia laboral y de vías no formales de formación.

El elemento mínimo acreditable es la **Unidad de Competencia.** La suma de las acreditaciones de las unidades de competencia conforma la acreditación de la competencia general.

Una **Unidad de Competencia** se define como una agrupación de tareas productivas específica que realiza el profesional. Las diferentes unidades de competencia de un certificado de profesionalidad conforman la **Competencia General,** definiendo el conjunto de conocimientos y capacidades que permiten el ejercicio de una actividad profesional determinada.

Cada **Unidad de Competencia** lleva asociado un **Módulo Formativo,** donde se describe la formación necesaria para adquirir esa **Unidad de Competencia,** pudiendo dividirse en **Unidades Formativas.**

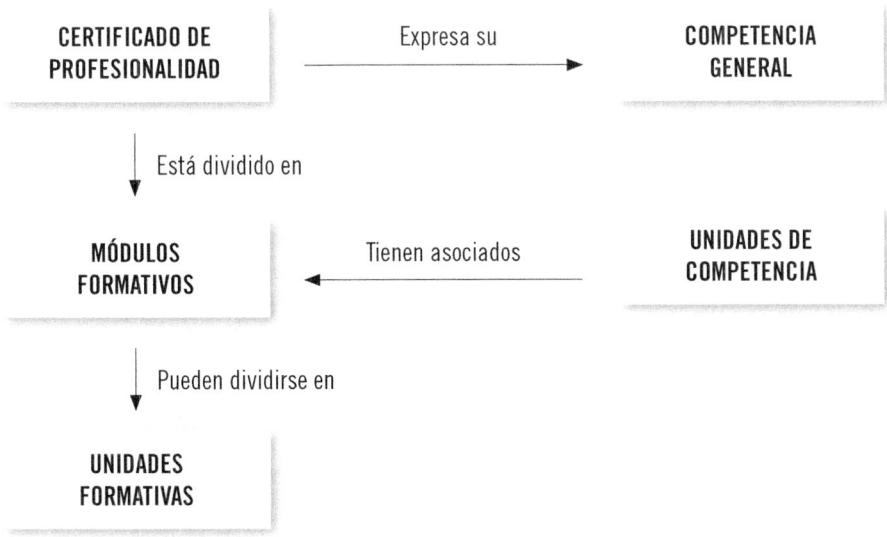

El presente manual desarrolla la Unidad Formativa **UF1755: Sistemas de información y bases de datos en consumo,**

perteneciente al Módulo Formativo **MF0246_3: Organización de un sistema de información de consumo,**

asociado a la unidad de competencia **UCO246_3: Obtener, organizar y gestionar la información y documentación en materia de consumo,**

del Certificado de Profesionalidad **Atención al cliente, consumidor o usuario.**

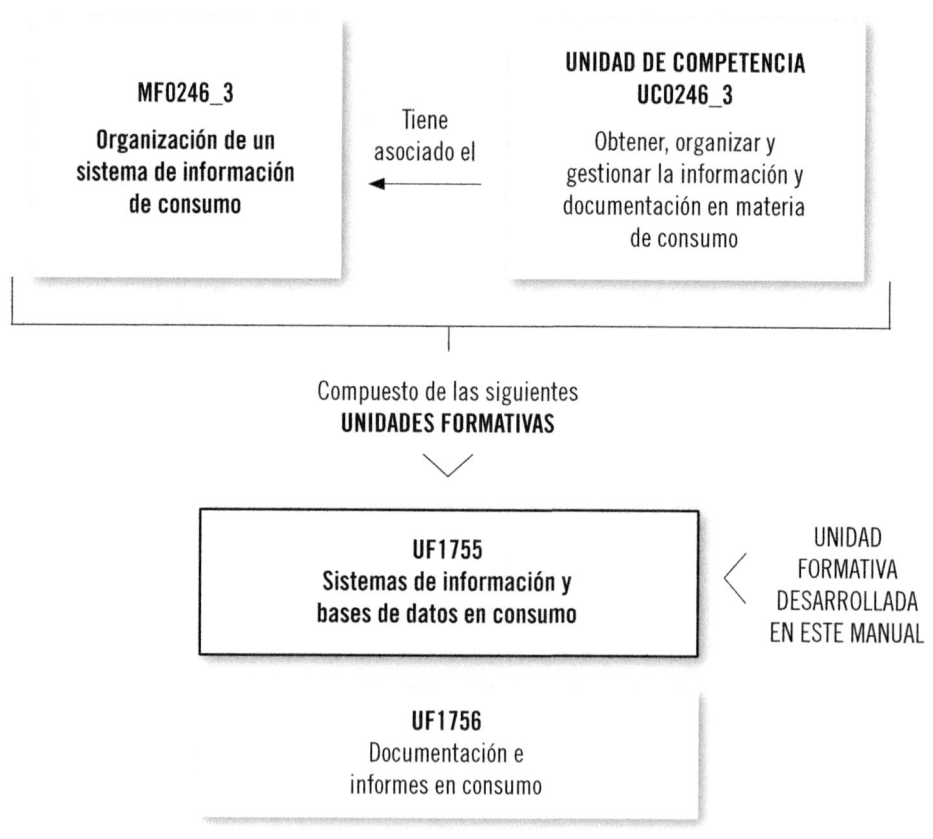

FICHA DE CERTIFICADO DE PROFESIONALIDAD

(COMT0110) ATENCIÓN AL CLIENTE, CONSUMIDOR O USUARIO (R. D. 1522/2011, de 31 de octubre)

COMPETENCIA GENERAL: Gestionar y ejecutar los planes de atención al cliente/consumidor/usuario de bienes y servicios, de acuerdo con la normativa y legislación vigente en materia de consumo, los procedimientos establecidos y las especificaciones recibidas.

Cualificación profesional de referencia		Unidades de competencia	Ocupaciones o puestos de trabajo relacionados:
COM087_3 ATENCIÓN AL CLIENTE, CONSUMIDOR O USUARIO (R. D. 295/2004, de 20 de febrero y modificaciones R. D. 109/2008, de 1 de febrero)	UC0241_2	Ejecutar las acciones del servicio de atención al cliente, consumidor y usuario.	• 4411.1018 Encargados/as del área de atención al cliente en comercios. • 4500.1019 Empleados/as administrativos con tareas de atención al público no clasificados bajo otros epígrafes. • 3160.1018 Técnicos/as en consumo. • Técnico/a de información/atención al cliente en empresas. • Técnico/a en consumo de las oficinas de información al consumidor de las Administraciones Públicas. • Técnico/a en consumo en los organismos públicos y privados de defensa de los consumidores. • Técnico/a en consumo de las cooperativas de consumo.
	UC0245_3	Gestionar las quejas y reclamaciones del cliente / consumidor / usuario.	
	UC0246_3	Obtener, organizar y gestionar la información y documentación en materia de consumo.	
	UC1002_2	Comunicarse en inglés con un nivel de usuario independiente, en actividades comerciales.	

Correspondencia con el Catálogo Modular de Formación Profesional

Módulos certificado	Unidades formativas	Horas
MF0241_2: Información y atención al cliente / consumidor / usuario	UF0036: Gestión de la atención al cliente / consumidor	60
	UF0037: Técnicas de información y atención al cliente / consumidor	60
MF0245_3: Gestión de quejas y reclamaciones en materia de consumo		90
MF0246_3: Organización de un sistema de información de consumo	UF1755: Sistemas de información y bases de datos en consumo	60
	UF1756: Documentación e informes en consumo	60
MF1002_2: Inglés profesional para actividades comerciales		90
MP0374: Módulo de prácticas profesionales no laborales		40

Índice

Capítulo 4
Bases de datos y centros documentales en consumo

Capítulo 1
Información y fuentes en consumo

Contenido

1. Introducción

En una sociedad como la actual, que camina al compás marcado por el uso de las nuevas tecnologías de la comunicación e información (TIC), la población se encuentra bombardeada constantemente por un flujo de ingentes cantidades de información relativa a multitud de aspectos que les afectan diariamente, ya sea por motivos comerciales y de consumo, económicos, legales, políticos...

Dicha información, proveniente de multitud de fuentes tales como bases de datos, informes, catálogos, legislación, etc., obligan al ciudadano a saber diferenciar entre información y fuente de información relevante y de calidad, de información y fuente de información no de calidad e irrelevante para los intereses del propio individuo.

El consumo realizado por la población en sus relaciones comerciales habituales, bien entre empresas, empresas y organismos públicos o entre empresas y clientes, es una de las actividades que generan una ingente cantidad de información que ha de ser catalogada y expuesta a disposición de los individuos, de una manera sencilla, clara, suficiente y completa.

2. Tipos de fuentes e información en consumo

Para poder entender y determinar con claridad los tipos de información y fuentes de información en consumo existentes, es primordial conocer las diferencias entre información y fuente de información que a pesar de parecer conceptos similares, poseen una definición completamente distinta.

Según la Real Academia de la Lengua Española, **información** se define como "la comunicación o adquisición de conocimientos que permiten ampliar o precisar los que se poseen sobre una materia determinada". En otras palabras, la información es la acción por la que los individuos adquieren una serie de conocimientos que versan sobre determinadas materias, ya sean económicas, sociales, de consumo, etc., y que permiten incrementar su conocimiento sobre dicha materia en cuestión.

Por tanto, se puede llegar a pensar que toda la información a la que acceden los individuos, relativa a una misma materia, es similar o de igual importancia o calidad; pero eso no es cierto. ¿De qué depende que cierta información sea catalogada por la población como información veraz o información de calidad? La primera respuesta a esta pregunta está en función de la utilidad que tiene la información en cuestión para el individuo. Por ejemplo, una nueva Ley recientemente publicada que afecte a terrenos rústicos, no le será de gran utilidad para un individuo que no tenga posesiones en terrenos de dicha naturaleza. La segunda respuesta a la pregunta formulada está en función de la fuente de la que provenga dicha información. La Real Academia de la Lengua Española define **fuente de información** como "Principio, fundamento u origen de algo. Personas que emiten información. Confidencias, declaraciones o documentos que sirven de base para la elaboración de una noticia o reportaje periodístico". En otras palabras, aquellos instrumentos, lugares, medios, etc., que surten de información a los individuos o que sirven para la elaboración de noticias o documentos. Continuando con el ejemplo anterior y suponiendo a un individuo que tiene posesiones en terrenos rústicos, no es igual que la información de la Ley la obtenga del Boletín Oficial del Estado (BOE), que de un conocido o una publicación no oficial.

Al ser las fuentes de información, "surtidores" de conocimientos de materias de diversa índole, podemos diferenciar las fuentes según el tipo de información que suministran y según el nivel informativo de su contenido.

Según el origen de la información, pueden ser:

- Fuentes de información personales.
- Fuentes de información institucionales.
- Fuentes de información documentales.

2.1. Fuentes de información personales

Este tipo de fuentes ofrecen información sobre las personas o grupos de personas relacionadas por diversos intereses como por ejemplo profesionalmente. La forma más común de trasmitir la información entre sus miembros es de manera oral, aunque finalmente se deje constancia escrita. En este tipo de fuentes de información podemos encontrarla en asociaciones profesionales, grupos de trabajo, colegios invisibles, etc.

 Sabía que...

Colegios invisibles es un término creado por la socióloga Diana Crane en 1972 que hace referencia a una comunidad informal de profesionales científicos que trabajan en un mismo proyecto e intercambian información.

2.2. Fuentes de información institucionales

Las fuentes de información institucionales son aquellas que ofrecen información sobre organismos e instituciones siendo estas, las que realizan funciones de servicio público o de interés para la ciudadanía. Un ejemplo típico de este tipo de fuentes son las guías sobre bibliotecas, centros de documentación, catálogos, trípticos, etc.

2.3. Fuentes de información documentales

Este tipo de fuentes proporcionan información sobre personas u objetos mediante el acceso a documentos de texto totales o parciales siendo estos documentos en sí, el medio por el que se transmite la información. Las características intrínsecas de este tipo de fuentes documentales, establecen a su vez la clasificación de las fuentes de información según el nivel informativo de su contenido, por tanto es en este momento cuando podemos definir fuente de información como, todo documento que contiene datos y/o registros útiles o necesarios para los individuos.

En función del nivel informativo, las fuentes de información se pueden clasificar en:

- Fuentes primarias
- Fuentes secundarias
- Fuentes terciarias

Fuentes primarias de información

Las fuentes de información primarias son aquellas que contienen datos nuevos u originales caracterizándose porque no siguen en su disposición, un esquema predeterminado. La forma más común de acceder a ellas es mediante las fuentes secundarias de información aunque también se puede acceder a ellas de manera directa.

En estas fuentes de información encontramos principalmente los libros y revistas convencionales aunque también engloban a las tesis de licenciatura y doctorales, informes técnicos, actas de congresos, catálogos comerciales, reportajes de investigación, normas, encuestas, etc.

Fuentes secundarias de información

Las fuentes secundarias de información se encuentran formadas por material que ya es conocido y estructurado según un esquema predeterminado. Toda la información que poseen hace referencia a documentos primarios. Son fuentes de información, rápidas y fáciles de obtener, ya que poseen unos bajos costes aunque es necesario que dicha información sea contrastada y actualizada para que sea considerada de calidad. Algunos ejemplos de este tipo de fuentes son los índices bibliográficos, índices KWIC/KWOC, índices de contenidos, etc.

Fuentes terciarias de información

Este tipo de fuentes de información se encuentran compuestas por la información de las fuentes secundarias y primarias. Por tanto, son fuentes creadas para hacer frente a la gran proliferación de información secundaria, como por ejemplo las reproducciones de documentos primarios (ejemplo: fotocopias);

información original estructurada de manera que es usada por los individuos como si se tratase de información primaria (ejemplo: diccionarios).

 Actividades

1. Responda a las siguientes cuestiones.

   ■ ¿Información y fuente de información tienen el mismo significado?
   ■ ¿Cuál es la característica principal diferenciadora entre fuente primaria y secundaria de información?

3. Fuentes de información institucional en consumo

Los organismos e instituciones públicas tienen como objetivo primordial servir a la ciudadanía, es decir, el servicio público, siendo una de sus obligaciones la de informar a los ciudadanos sobre las actuaciones que realiza en materia legislativa, económica, sanitaria, etc., así como de los gastos e ingresos que obtiene a través de sus gestiones con el restos de organismos e instituciones públicas, privadas o con los ciudadanos. Una de sus funciones, por tanto, es la de informar sobre las repercusiones que el consumo por parte del sector público o privado tiene en la ciudadanía.

Por ello, pone a disposición de los usuarios una enorme fuente de información en materia de consumo de diversa índole estructurada en función de los distintos estadios o niveles que conforman el sector público en España, a saber:

- Supranacional (europeo).
- Nacional.
- Autonómico (comunidades autónomas).
- Administración local (ayuntamientos, concejos, pedanías, consejos insulares, cabildos insulares y diputaciones provinciales).

Todos estos entes públicos se encuentran en posesión de información en materia de consumo en relación al ámbito competencial de los mismos.

3.1. Europea

La Unión Europea (UE) como organismo supranacional posee una política de consumidores para los países miembros de la UE, la cual, tiene como prioridades:

- Proteger la salud, seguridad y bienestar económico de los consumidores.
- Promover su derecho a la información y la educación.
- Proteger los intereses de los consumidores, animándoles a crear sus propias asociaciones para protegerlos.

La Unión Europea posee diversas fuentes de información en materia de consumo que pasan desde publicaciones disponibles para su adquisición en la "EU BookShop", librería virtual de las publicaciones de las instituciones europeas en diversos formatos (papel, PDF, video, DVD) y en distintos idiomas oficiales de los países miembros así como boletines, estadísticas (publicadas por el Eurostat) y la principal fuente de información en materia de consumo a nivel europeo, la legislación comunitaria y el Diario oficial de la Unión Europea (DOUE), donde se publican todos y cada uno de los documentos de las instituciones europeas, así como algunos documentos de los países miembros (web EUR-Lex).

 Definición

Eurostat
Es el instituto de estadística de la Unión Europea. Su sede se encuentra en Luxemburgo. Su misión es la de realizar estudios estadísticos a nivel europeo que posibilitan la comparación entre los distintos países y regiones que conforman la Unión Europea en materia de empleo, desempleo, producto interior bruto, consumo, población, etc.

3.2. Nacional: el CIDOC (Centro de Información y Documentación en Consumo)

En materia de consumo, la Constitución Española establece en su artículo 51.2 lo siguiente:

"Los poderes públicos promoverán la información y la educación de los consumidores y usuarios, fomentarán sus organizaciones y oirán a estas en las cuestiones que puedan afectar a aquellos, en los términos que la ley establezca".

El Centro de Información y Documentación del Consumo (CIDOC) es un órgano **adscrito a la Dirección General de Consumo.** Esta institución regula, a nivel estatal, la protección y promoción de los derechos de los consumidores y usuarios; los procedimientos adecuados para su protección; la cooperación institucional en esta materia; el fomento de las asociaciones de consumidores y usuarios; y el apoyo al Consejo de Consumidores y Usuarios.

También se encuentra adscrito a la Dirección General de Consumo el **Centro de Investigación y Control de la Calidad (CICC)** que tiene como misión la de realizar los análisis y ensayos necesarios en los productos para informar sobre su conformidad en relación a las reglamentaciones de carácter técnico-sanitarias y sobre las normas de calidad que los regulan.

El **CIDOC o Centro de Información y Documentación del Consumo** tiene como objetivo elaborar y difundir la información a los consumidores, organizaciones y administraciones que se ocupan de la defensa de sus derechos. Es una gran base de datos, cuya materia versa sobre el consumo, agrupados en dos grandes bloques temáticos:

- Bloque jurídico: formado por legislación y jurisprudencia de consumo.
- Bloque bibliográfico: formado por monografías, artículos y revistas que recibe el CIDOC.

Además, posee una potente herramienta de búsqueda de fuentes de información estadística denominada "Catálogo de fuentes de información estadística y cualitativa sobre consumo" teniendo la posibilidad, de la búsqueda y acceso a las bases de datos sobre estudios en consumo tanto públicos como privados, nacionales e internacionales.

Por último, el CIDOC, ofrece una amplia información y documentación de interés para los consumidores y usuarios sobre estudios, informes, códigos de conducta, publicaciones y legislación básica a nivel nacional, autonómico y europeo.

 Actividades

2. Desde su punto de vista, ¿crees que los organismos institucionales a nivel europeo y nacional tienen alguna obligación con los ciudadanos en materia de información?

3.3. Autonómica

Al igual que en estadios superiores (estatal o europeo), las comunidades autónomas que conforman el estado español, a través de sus consejerías respectivas, ofrecen servicios de información a los usuarios en materia de consumo mediante los distintos organismos autonómicos creados al efecto como por ejemplo, Consumo Responde de la Junta de Andalucía o, el Portal del Consumidor de Madrid perteneciente al Gobierno Regional de la Comunidad de Madrid.

Todos estos organismos, a través de sus webs respectivas, ofrecen información en materia de consumo mediante la publicación de revistas, folletos, memorias, guías, información específica para entidades locales, asociaciones y trámites para empresas y particulares, estudios sobre consumo , estadísticas y sobre todo, legislación autonómica publicada a través de los boletines oficiales de cada comunidad autónoma.

El grado de publicidad de la información en consumo es distinto en cada una de las 17 comunidades autónomas, ya que no todas ellas ofrecen los mismos servicios y niveles de información.

3.4. Local

A nivel local, también es posible encontrar fuentes de información en materia de consumo relacionadas con su ámbito geográfico. Es evidente que no todos los entes locales tienen la capacidad económica y personal de poder elaborar y ofrecer este tipo información a los ciudadanos.

Solo las grandes corporaciones locales ofrecen información o parte de información referente al consumo a través de su Oficina Municipal de Información al Consumidor (OMIC), donde es posible obtener información, orientación y asesoramiento prestado por los ayuntamientos a los ciudadanos del municipio.

 Actividades

3. Justifique de forma razonada la existencia en el ámbito local de una Oficina Municipal de Información al Consumidor.

Por tanto, información y formación en consumo, colaboración con entidades públicas o privadas dedicadas a la protección de los consumidores, juntas arbitrales de consumo, noticias, legislación en la materia y en general, cualquier tipo de función que contribuya a la protección de los consumidores, tal y como establece el artículo 51.1 de la Constitución Española, son los tipos de servicios que se pueden encontrar a nivel local en las oficinas municipales de Información al consumidor (OMIC) de los pueblos y ciudades de España.

Oficina Municipal de Información al Consumidor del Ayuntamiento de Madrid

 ## Aplicación práctica

Usted es el responsable de catalogar los distintos documentos que van a formar parte de una pequeña biblioteca. Del siguiente listado de documentos, tiene que decidir cuáles son material documental de ámbito europeo, nacional, autonómico y local para su posterior archivo.

I El Municipalismo en un Estado cooperativo. Plan Estratégico FEMP Siglo XXI S.L. Federación Española de Municipios y Provincias FEMP.
I Diario Oficial de la Unión Europea C 326.
I Texto refundido de la Ley General para la Defensa de los Consumidores y Usuarios. Madrid. BOE.
I Recopilación de la Jurisprudencia del Tribunal de Justicia y del Tribunal General. Tribunal de Justicia de la UE.
I Encuesta de CECU: Comportamiento y percepción del consumidor en materia de medioambiente y sostenibilidad (Confederación de consumidores y Usuarios)
I Acuerdo sobre el espacio económico europeo.

Continúa en página siguiente >>

<< Viene de página anterior

- **OCU. Organización de Consumidores y Usuarios.**
- **Red unión OMICS. Ordenanza Municipal Tipo para la defensa de los consumidores y Usuarios. Madrid: FEMP.**
- **Navarra. Junta Arbitral de Consumo. Recopilación de Laudos.**
- **Verdrag tot oprichting van de Europese Gemeenschap voor Kolen en Staal**

SOLUCIÓN

Fuente de información europea:

- Diario Oficial de la Unión Europea C 326.
- Acuerdo sobre el espacio económico europeo.
- Verdrag tot oprichting van de Europese Gemeenschap voor Kolen en Staal.
- Recopilación de la Jurisprudencia del Tribunal de Justicia y del Tribual General. Tribunal de Justicia de la UE.

Fuente de información estatal:

- OCU. Organización de Consumidores y Usuarios.
- Encuesta de CECU: Comportamiento y percepción del consumidor en materia de medioambiente y sostenibilidad (Confederación de consumidores y Usuarios)
- Texto refundido de la Ley General para la Defensa de los Consumidores y Usuarios. Madrid. BOE.

Fuente de información autonómica:

- Navarra. Junta Arbitral de Consumo. Recopilación de Laudos.

Fuente de información local:

- El Municipalismo en un estado cooperativo. Plan Estratégico FEMP Siglo XXI S.L. Federación Española de Municipios y Provincias FEMP.
- Red unión OMICS. Ordenanza Municipal Tipo para la defensa de los consumidores y usuarios. Madrid: FEMP.

4. Fuentes de información primaria en consumo

La característica principal que hace que una fuente de información sea catalogada como primaria, es que la información que contiene ha de ser original, no siguiendo disposición o estructura predeterminada. El acceso a dicha información podrá ser realizado bien directamente desde la fuente primaria o a través de fuentes de información secundaria.

La veracidad y calidad de la misma es otra de sus características, si bien, una fuente primaria no tiene por qué ser más precisa o veraz que una fuente secundaria, ya que esta última está sujeta a constantes revisiones.

En materia de consumo existen distintas fuentes de información primaria que pasan desde la elaboración de encuestas a los consumidores hasta monografías, informes técnicos y catálogo de productos.

4.1. Monografías

Monografía es definida por la Real Academia de la Lengua Española como "Descripción y tratado especial de determinada parte de una ciencia, o de algún asunto en particular". Por tanto, monografía, también llamado libro, será todo aquel documento de una determinada extensión que trata sobre un tema en particular realizado por uno o varios autores. Contiene información específica que podrá estar o no actualizada, incluyendo una bibliografía sobre el tema.

Hay que fijarse sobre todo en la fecha de edición del original, ya que si esta es demasiado antigua, nos va a indicar que la monografía no se encuentra actualizada, por lo que puede ser de poca ayuda, ya que normalmente la elaboración de monografías o libros es un proceso lento. Su índice va a informar sobre el tema y el prólogo aportará aspectos interesantes sobre el contenido de la misma.

Una ventaja que posee es que si bien, la información que contiene no es muy reciente, sí se encuentra desarrollada con amplitud y bien estructurada.

En materia de consumo, los distintos organismos competentes tanto a nivel nacional, europeo, autonómico o local, poseen distintos estudios monográficos sobre consumo en temas tan distintos como:

- Arbitraje de consumo.
- Jóvenes consumidores.
- Hábitos de consumo.
- Consumo de alimentos
- Etc.

4.2. Informes técnicos

El informe técnico es otra de las fuentes de información primaria de la que los usuarios pueden obtener información en materia de consumo.

Por definición, un informe técnico es una exposición detallada de información práctica y útil relativa a una serie de datos o hechos que se han producido cuyos destinatarios finales, de dicha información, van a ser personas, organizaciones o empresas. Su principal objetivo es servir de fuente de información sobre las actuaciones realizadas por un ente en el desempeño de sus funciones, analizando los problemas que se han producido y las soluciones o posibles soluciones generadas para ese problema.

La estructura de dicho informe deberá ser la siguiente:

- Una introducción donde se realiza una aclaración del tema a tratar y se fijan los objetivos que se pretenden conseguir.
- Un desarrollo en el que se expone el problema a estudio y las causas o posibles causas que lo generan.
- Unas conclusiones en las que quedará bien claro el origen del problema planteado, su evolución, la transcendencia y las posibles soluciones de dicho problema.
- Anexos formados por imágenes, tablas, planos, etc.
- La bibliografía consultada para la elaboración del informe.

Al igual que el resto de fuentes primarias, los distintos organismos o entes con competencia en consumo elaboran de forma periódica informes técnicos sobre problemas de ámbito general o cuestiones concretas, en los que se intenta aportar la solución o las posibles soluciones a dichos problemas.

Actividades

4. Algunos estudios monográficos sobre consumo versan sobre el Arbitraje de Consumo. Busque información sobre ese tema.

4.3. Revistas (publicaciones periódicas o seriadas)

Las revistas son otros de los documentos que forman parte de las fuentes de información primaria. Este tipo de documentos se van a clasificar en función de la periodicidad en la que se publican. Por tanto, no va a ser igual una publicación periódica que una seriada.

Se define revista como aquella publicación que aparece a intervalos regulares de tiempo. Maclés, define la revista como una publicación periódica: "una publicación colectiva, con título legal, que aparece a intervalos regulares fijados previamente, durante un periodo de tiempo no limitado, y cuyos fascículos se encadenan cronológicamente los unos a los otros para constituir uno o varios volúmenes en una serie continuada".

Por tanto y en segundo lugar, se puede realizar la siguiente clasificación:

- **Periódico:** publicación con periodicidad inferior a una semana (ejemplo: El Mundo, El País, La Vanguardia, etc.).
- **Revista:** publicación con periodicidad superior a la semana e inferior a un año (ejemplo: revistas temáticas como Nature, National Geographic, etc.).
- **Series o publicaciones seriadas:** publicaciones cuya periodicidad es superior a un año o a intervalos más irregulares en el tiempo.

Hay que ser conscientes de que a través de las revistas o publicaciones periódicas, se transmite la mayor parte de la información novedosa. Todo pasa por la publicación, en estos documentos, de artículos donde se exponen los nuevos conocimientos que se han adquirido sobre la materia, conclusiones, hipótesis, etc. Solo en los casos en los que dichas revistas se encuentran formadas por trabajos de revisión, estas serán catalogadas como fuente secundaria de información.

Otro tipo de publicación seriada que pertenece al grupo de fuentes de información primaria son las series monográficas, las memorias, etc.

4.4. Catálogos de productos

Otro de los documentos que forman parte de las fuentes de información primaria son los denominados catálogos de productos. No existe empresa que no posea una lista o catálogo de sus productos y/o servicios.

En dicho documento se detallan en menor o mayor medida, todas y cada una de las características y propiedades que poseen los productos y/o servicios que posee la empresa en sus operaciones comerciales. Estos catálogos, que podrán ser en formato papel o digital, pueden ir acompañadas de imágenes, animaciones interactivas, reseñas o breves explicaciones de las características, precios, descuentos, etc.

Es por tanto, una publicación empresarial donde se muestra a los clientes las características de los productos y/o servicios, explicando sus ventajas e ilustrando los mismos con imágenes o fotografías.

4.5. Normas

Las normas es otro de los documentos que forman parte de las fuentes primarias de información. Estos documentos establecen una serie de reglas o requisitos de actuación, aprobados por el organismo competente en la materia, que han de cumplir los productos, servicios o las empresas.

En materia de consumo, el organismo encargado de la aprobación de estas normas de ámbito internacional es el Organismo Internacional de Estandarización (ISO), en inglés *International Standards Organization*. En concreto en España, el organismo encargado de la elaboración, publicación y certificación es la Asociación Española de Normalización y Certificación (AENOR).

AENOR elabora y publica multitud de normas que afectan a empresas, productos y servicios con el único fin de proteger al consumidor, la sociedad y el medio ambiente. En materia de consumo se pueden citar como ejemplos las normas:

- UNE-EN ISO 9001:2015 Sistemas de Gestión de Calidad.
- UNE-175001-1:2013 Calidad de Servicios para el Pequeño Comercio.

 Actividades

5. Las normas son otras de las fuentes primarias de información primaria existentes. A nivel internacional (ISO) y nacional (AENOR) son los organismos encargados de su elaboración. Busque información sobre ambas organizaciones.

4.6. Materiales no convencionales y otros

Una de las fuentes primarias de información menos conocidas son las denominadas materiales no convencionales o literatura no convencional.

En definitiva se trata de distintos documentos no normalizados y que poseen un valor informativo no homogéneo, es decir, documentos de tipología variada y publicados a través de canales de información, no convencionales o no habituales para la publicación de la información. Por tanto, las características que van a definir a estos tipos de materiales o documentos son:

- Su no convencionalidad.
- Producción y publicación en canales no habituales.
- Su escasa accesibilidad debida fundamentalmente a la difícil localización de los mismos y su escasa disponibilidad y adquisición.

A estos materiales se les ha llamado también literatura gris (término acuñado en el Seminario de York, Inglaterra, en 1978) y se encuentran formados por:

- Informes.
- Tesis.
- Normas y recomendaciones
- Traducciones.
- Patentes.
- Documentación publicitaria
- Documentos oficiales de tirada limitada.

4.7. Encuestas a consumidores

La encuesta se define como la técnica por la que mediante la realización de una serie de preguntas a un sujeto, de manera verbal o escrita, se obtiene información necesaria para una labor de investigación.

Una encuesta a los consumidores es un documento que forma parte de las fuentes primarias de información y se lleva a cabo con el fin de determinar:

- Quién compra ciertos productos y dónde los compra.
- Qué piensa la gente sobre los productos de la competencia.
- Cómo compra la gente los productos de la competencia.

Todo cuestionario deberá ser planeado teniendo en cuenta:

- La información que se requiere o quiere ser obtenida.
- Determinar qué tipo de gente va a ser encuestada.
- Determinar las preguntas a realizar y su redacción.
- Establecer el orden de las preguntas de manera razonable.
- Revisar la extensión de la encuesta.
- Ensayar el cuestionario antes de ponerlo en práctica.

Se pueden realizar distintos tipos de preguntas en las encuestas en función de las necesidades de la misma y de la información que se pretende conseguir.

Las preguntas podrán ser:

- **Preguntas introductorias:** son preguntas que se realizan al comienzo de la encuesta para dar confianza al encuestado como por ejemplo, "¿tendría algún tipo de inconveniente en responder a las siguientes preguntas relacionadas con el consumo de bebidas alcohólicas?".
- **Preguntas cerradas:** este tipo de preguntas tienen como única respuesta un "Sí" o un "No" como por ejemplo, "¿Bebe usted algún tipo de bebida alcohólica?".
- **Preguntas de selección múltiple:** son aquellas preguntas que obligan al sujeto a elegir la respuesta de varias opciones posibles.
- **Preguntas con varias opciones:** este tipo de preguntas son una variación de las preguntas de selección múltiple, en las que el sujeto elige la opción que desea que se encuentra establecida en una escala de posibilidades.
- **Preguntas abiertas:** son aquellas en las que el encuestador escribe la respuesta dada por el sujeto.
- **Preguntas combinadas:** una combinación de preguntas abiertas y de selección múltiple.

 Aplicación práctica

Suponga que en su empresa le han encargado obtener información sobre los hábitos de consumo de los clientes pero con una peculiaridad, se trata del lanzamiento de un nuevo producto, y los directivos de la empresa esperan que dicho producto sea consumido tanto por sus clientes habituales como por los pertenecientes a un nuevo grupo de población como son los clientes comprendidos entre 30 y 50 años, grupo de población al que nunca se han dirigido. Indique qué tipos de fuentes de información primaria en consumo consultaría para realizar su trabajo de la manera más satisfactoria para la empresa.

SOLUCIÓN

En un principio, como fuente de información a consultar, sería recomendable utilizar monografías relativas a los hábitos de consumo de los usuarios de productos similares a los que nuestra empresa quiere lanzar al mercado. Si el producto en cuestión es totalmente nuevo y

Continúa en página siguiente >>

<< Viene de página anterior

desconocido por la población, esta fuente no nos valdría, ya que no habría estudios previos. Otra fuente de información válida sería la consulta de revistas o publicaciones relacionadas socialmente con el consumo de productos similares o sustitutivos al de nuestra empresa, que nos indiquen el nivel de consumo de dichos productos y nos orienten sobre el segmento de la población que los consume. Por último sería muy recomendable la realización de una encuesta a la población que se encuentra entre los 30 y 50 años, ya que es muy posible que no existan datos de consumo sobre el producto en cuestión sobre dicha población.

Todas estas fuentes de información pueden ser obtenidas tanto de la misma empresa productora como de otros organismos, tanto públicos como privados y de muy distinto nivel, ya sean autonómicos, locales, nacionales o europeos. La elección de uno u otro ámbito dependerá del tipo de lanzamiento del producto, en términos geográficos, que vaya a realizar la empresa.

5. Fuentes de información secundaria en consumo

Las fuentes de información secundaria se encuentran formadas por todos aquellos documentos que se componen de información ya conocida y esta, se encuentra estructurada en un determinado esquema o formato.

Es por tanto una fuente de información que se nutre de las fuentes primarias y a la que se le han practicado una serie de revisiones y aplicado un formato determinado para que el acceso a ella, por parte de los usuarios, sea sencillo y accesible.

En materia de consumo, existen distintas fuentes de información secundaria como son los índices bibliográficos, índices KWIC/KWOC y las bases de datos entre otros, siendo su principal objetivo el de informar a los usuarios sobre consumo o dirigir a estos a la información que precisan.

5.1. Índices bibliográficos

Se puede definir índice como una lista sistemática de una serie de registros, documentos, obras, etc., donde el usuario del mismo puede encontrar la información deseada.

Un índice bibliográfico es, por tanto, un listado estructurado y formado solo por referencias bibliográficas de una serie de documentos que pueden versar sobre la misma materia. Son fuentes de información muy útiles, pero poseen una gran desventaja, en dichos índices solo es posible encontrar el título del documento deseado, pero no es posible determinar la importancia o interés de dicho documento; los índices no ofrecen más información.

Para evitar este inconveniente, existen índices bibliográficos en los que se incorporan una serie de palabras clave del documento en cuestión, lo que permite hasta cierto punto, determinar o identificar el contenido de dicho documento. Son por tanto, fuentes de información muy útiles como servicio de alerta, pero menos útiles como medios de recuperación de la información en retrospectiva.

 Sabía que...

ISO posee una norma específica en materia de información y documentación, que regula la elaboración y publicación de índices: ISO 999:1996 Guidelines for the content, organization and presentation of indexes; directrices para el contenido, organización y presentación de índices.

Multitud de organismos públicos o privados como administraciones gubernamentales, organismos públicos autónomos, universidades, bibliotecas, instituciones, etc., ofrecen tanto en sus centros de atención al usuario como en sus webs corporativas, índices bibliográficos donde poder localizar la información en materia de consumo en cualquier tipo de formato.

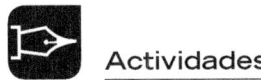

Actividades

6. ¿Es lo mismo un índice que un índice bibliográfico? Si existe alguna diferencia indíquela.

5.2. Índices KWIC/KWOC

Para poder comprender el significado y forma de organizar que tienen los llamados índices KWIC/KWOC, es imprescindible comprender el concepto de lenguaje documental, el cual se define como un conjunto sistematizado de signos, que tiene como objetivo la recuperación de los documentos en función a las consultas realizadas sobre dichos contenidos.

Es por tanto un lenguaje de búsqueda distinto al utilizado normalmente como autor/a, fecha, título, etc. (lenguajes naturales), es un lenguaje que se compone de una serie de términos que configuran el vocabulario de dicho lenguaje y que poseen una serie de relaciones entre ellos.

Este tipo de lenguaje documental se puede agrupar atendiendo a diversos criterios, en concreto, el relacionado con los índices KWIC/KWOC son los denominados lenguajes documentales de estructura asociativa, los cuales se caracterizan porque se presentan en un índice en orden alfabético multidimensional, es decir, donde los términos son combinados entre sí. Para ello se necesita de una serie de palabras-clave que componen esa lista en orden alfabético y cuyos índices se encuentran permutados (sus índices son combinados), esas palabras clave figuran en los títulos de los documentos que se analizan y están basados en la "rotación" de las palabras más significativas de los títulos de los documentos siempre en orden alfabético.

Los índices KWIC *(Key Word In Context),* el tema que se desea considerar se encuentra en el centro de una columna donde se encuentran el resto de las palabras clave y a derecha e izquierda de dichas palabras clave, se establecen los términos en los cuales se refleja el contexto donde se emplean dichas palabras clave. Ejemplo: palabra clave "Bellota".

La industrialización de la **Bellota:**

- Producción y utilización de la **Bellota** de Quercus en una dehesa Española.
- La harina de **Bellota** desengrasada en la alimentación animal.
- Digestibilidad de la **Bellota** entera en óvidos.

El índice KWOC *(Key Word Of Context)* difiere del anterior en que las palabras clave no se encuentran en medio de los términos contextuales de los documentos en los que encontramos dichas palabras clave. Estas se van a encontrar por orden alfabético a un lado (izquierdo) y bajo estas, todos los demás términos que contienen dicha palabra clave y que aparecen en los documentos. Ejemplo: Palabras clave "Cultural" y "Cursillos".

- **Cultural**

  - Aislamiento cultural.
  - Ambiente cultural.
  - Desventaja cultural.
  - Medio cultural.

- **Cursillos**

  - Cursillos de especialización.
  - Cursillos de iniciación.

Índices KWIC/KWOC de cualquier materia se encuentran en los llamados "Tesauros", herramientas utilizadas para el procesamiento de la información y sometidas a regulación normativa internacional a través de la ISO 25964-1:2014 y de la ISO 25964-1:2016 Information and documentation. Thesauri and interoperability with other vocabularies. Part 1: Thesauri for information retrieval y Part 2: Interoperability with other vocabularies (Información y documentación. Tesauros e interoperabilidad con otros vocabularios - Parte 1: Tesauros para la recuperación de información y Parte 2: Interoperabilidad con otros vocabularios).

En materia de consumo y a nivel internacional, podemos encontrar información en el tesauro de la Unión Europea EuroVoc; Tesauro con índices KWIC/

KWOC que posee la terminología de los ámbitos de la actividad de la Unión Europea, en concreto en las labores parlamentarias.

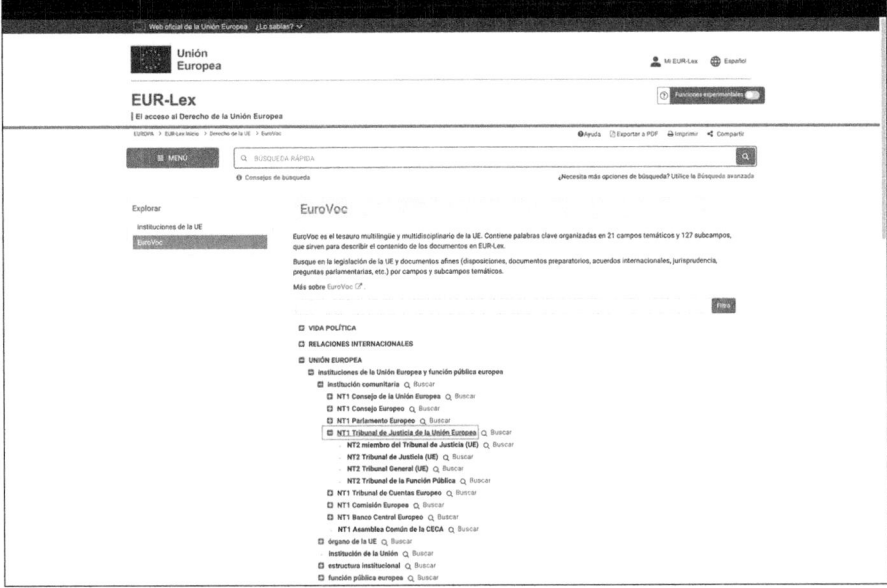

Resultado de la búsqueda de la palabra consumo en EuroVoc donde se aprecia un índice KWOC.

Actividades

7. Desde su punto de vista, ¿qué utilidad tienen los índices KWIC/KWOC?

5.3. Índices de contenidos

Los llamados índices de contenidos son una herramienta de búsqueda de información secundaria muy utilizada por su facilidad de preparación y la cantidad de información que posibilita a los usuarios. En ningún momento se deben confundir con los índices bibliográficos y mucho menos con los índices que poseen los libros.

Los índices de contenidos son básicamente un listado en orden alfabético de los títulos de las publicaciones, pudiendo ir acompañado de un sumario de cada uno de ellos en los que se detallan las materias y los autores de dichas publicaciones. La gran ventaja de este tipo de índices es que permiten a los usuarios una rápida localización del documento en cuestión y de hecho, si este tipo de índices se encuentran automatizados, permiten una mayor rapidez de localización.

5.4. Bases de datos (bibliográficas-factuales-documentales)

Para entender correctamente en qué consiste una base datos, es imprescindible entender la definición de registro, el cual se define como la unidad básica de información. Estos registros son los que una vez organizados de forma estructurada, conformarán la denominada base de datos. Por ejemplo, la base de datos de una asociación de antiguos trabajadores de una empresa metalúrgica, se puede componer de todos los datos de sus asociados en un directorio de miembros (base de datos) formado por un conjunto de datos de cada uno de ellos (registros) a saber, nombre, apellidos, documento de identidad, domicilio, teléfono, etc., cada uno de estos registros constituyen un campo de la base de datos.

La función principal de las bases de datos es la de crear y mantener en el tiempo, determinada información para atender las necesidades de los usuarios. Actualmente, las bases de datos son creadas en formato digital y mantenidas mediante *softwares* específicos para el tratamiento de grandes cantidades de información. No obstante, dichas bases de datos pueden ser consultadas o elaborar documentos impresos como bibliografías, directorios, informes, etc.

En función de sus contenidos, las bases de datos pueden ser de tres tipos:

- **Bases de datos factuales:** son aquellas bases de datos que únicamente recogen información muy concreta y relativa a datos estadísticos, numéricos, series históricas, ofertas de empleo, resultados de encuestas, etc.
- **Directorios:** son bases de datos que recogen información relativa a instituciones u organismos públicos o privados que se encuentran especializados en actividades muy concretas como por ejemplo directorios

de bibliotecas, de organismos empresariales, empresas privadas o públicas, etc.

■ **Bases de datos documentales:** son bases de datos que se caracterizan porque cada uno de los registros que las componen, corresponde a un documento, pudiendo ser este de cualquier tipo como por ejemplo publicaciones impresas, imágenes, videos, documentos sonoros, etc.

Son las bases de datos documentales las que tienen la peculiaridad de que en sus registros, se incluya todo o parte del contenido del documento que se especifica en dicho registro por tanto, este tipo de bases de datos pueden clasificarse a su vez en:

  ❙ Bases de datos documentales de texto completo.
  ❙ Archivos electrónicos de imágenes.

■ **Bases de datos referenciales.** Este tipo en concreto de bases de datos documentales se caracterizan porque en los registros que posee no es posible encontrar el texto o documento completo del que es objeto de registro. Solo es posible encontrar referencias a dicho documento o archivo. Un ejemplo típico es la base de datos de una biblioteca, en la que es posible encontrar determinados datos del documento requerido como el título, el autor, la signatura, ubicación física dentro de la biblioteca, etc.), por ello, este tipo de base de datos también recibe el nombre de bases de datos bibliográficas.

Además de la clasificación anterior, las bases de datos documentales poseen diferentes tipologías como son:

■ Según el productor de la base de datos:

  ❙ Bases de datos creadas por organismos públicos.
  ❙ Bases de datos creadas por organismos privados.
  ❙ Bases de datos creadas por organismos sin ánimo de lucro o de instituciones o fundaciones.

- Según el acceso a la base de datos:

    - Mediante el acceso local a la base de datos, es necesaria la presencia física del usuario. Ejemplo: punto de información de una biblioteca.
    - A través de un CD o DVD que contiene la base de datos, pudiendo ser consultada esta desde cualquier lugar con lector para este tipo de soportes de la información.
    - A través del acceso a internet mediante un ordenador conectado a la red o bien al servidor donde se aloja la base de datos en cuestión.

- Según la temática y destino de la bases de datos:

    - Bases de datos científicas o tecnológicas.
    - Bases de datos económicas y empresariales. Donde encontraremos información sobre datos en consumo.
    - Bases de datos pertenecientes a los medios de comunicación.
    - Bases de datos político-administrativas y jurídicas.
    - Bases de datos sanitarias.

- Según el tipo de documento de la base de datos:

    - Bases de datos exclusivas de un determinado tipo de documento como puede ser patentes, informes, revistas, etc.
    - Bases de datos que contienen varios tipos de documentos de una materia en concreto.

- Según el tratamiento dado a los documentos objeto de la base de datos:

    - Bases de datos donde el contenido de la documentación albergada no se encuentra analizada. En esta base de datos es posible encontrar solo la información relativa al autor, título, datos de la fuente de información y en ocasiones un resumen del contenido del documento.
    - Los llamados catálogos de bibliotecas.
    - Bases de datos donde el contenido de la documentación se encuentra analizado o posee un análisis más completo que solo un simple resumen.

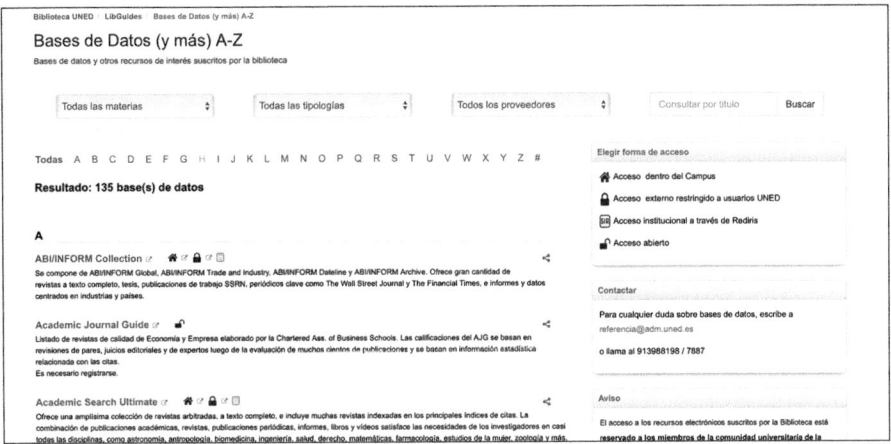

Acceso virtual a la base de datos de la biblioteca de la UNED

Actividades

8. Como ha estudiado, existen multitud de tipos de bases de datos. ¿Tienen todos los mismos fines u objetivos? Responda razonadamente.

5.5. Directorios

Los directorios son fuentes de información secundaria estructuradas en bases de datos que ofrecen información especializada en una activada o materia determinada sobre personas, instituciones u organismos públicos, privados, etc.

Un ejemplo típico de directorio es el llamado listín telefónico, donde es posible encontrar el número de teléfono de una persona a través de una serie muy limitada de información como el nombre, apellidos, dirección, ciudad, población, provincia, etc.

Actualmente es a través de las nuevas tecnologías de la información y comunicación donde podemos encontrar todo tipo de directorios relacionados con infinidad de materias o actividades. En concreto para la información en consumo, los directorios más importantes a nivel nacional y mediante el acceso web son:

- Directorio del CIDOC (Centro de información y documentación del consumo) donde es posible encontrar información sobre:

  - Direcciones generales de consumo.
  - Juntas arbitrales de consumo.
  - Asociaciones de consumidores y usuarios.
  - Oficinas municipales de información (OMIC).
  - Directorio internacional donde es posible acceder a información sobre distintos directorios en materia de consumo a nivel internacional en Asia, Centro América y Norte América, Sudamérica, Europa y Australia.

- Directorios de todas y cada una de las comunidades autónomas del estado español, donde se ofrece información en materia de consumo relativa a:

  - Juntas arbitrales de consumo.
  - Asociaciones de consumidores y usuarios.
  - Oficinas de información municipal y comarcal.
  - Listado de organismos de reclamación de los consumidores y usuarios.
  - Etc.

 Actividades

9. Realice un pequeño esquema de las fuentes y tipos de información vistos en este capítulo que son objeto de estudio.

Pantalla de consultas documentales del Centro de Información y documentación del Consumo (CIDOC)

 ## Aplicación práctica

Uno de los índices más utilizados y conocidos son los denominados índices KWIC/KWOC. Del siguiente listado, debes realizar un listado KWIC relativo a tipos de cultivos y pastos, los cuales formarán el correspondiente índice. Fuente: Sociedad Española de Pastos (SEP) ETSI de Montes.

- Los montes adehesados.
- Ensayos de abono en el prado natural de Santander.
- Frecuencia de especies en comunidades de pastizales adehesados salmantinos.
- El problema de la semilla en las semillas pratenses.
- Del empleo de técnicas completas en las explotaciones agropecuarias.
- Producción de semillas de pratenses.
- Ecología de pastos y fomento agropecuario en la montaña.
- Algunos aspectos del desarrollo agropecuario andaluz.
- Panorama general agropecuario de la zona de Lalín.
- El césped denso natural.
- Datos sobre la longevidad de semillas de trébol subterráneo.

Continúa en página siguiente >>

<< Viene de página anterior

SOLUCIÓN

- Los montes **adehesados.**
- Frecuencia de especies en comunidades de pastizales **adehesados** salmantinos.
- Del empleo de técnicas completas en las explotaciones **agropecuarias.**
- Algunos aspectos del desarrollo **agropecuario** andaluz.
- Panorama general **agropecuario** de la zona de Lalín
- Ecología de pastos y fomento **agropecuario** en la montaña.
- El césped denso **natural.**
- Ensayos de abono en el prado **natural** de Santander.
- Producción de **semillas** de pratenses.
- Datos sobre la longevidad de **semillas** de trébol subterráneo.
- El problema de la semilla en las **semillas** pratenses.

6. Soportes de la información

Hasta hace relativamente poco tiempo, la información mayoritariamente se encontraba almacenada en el soporte por excelencia, el papel y derivados. Toda la información existente se almacenaba en grandes espacios físicos que requerían de una determinada temperatura, ubicación y específicos elementos de almacenaje, para la correcta conservación del soporte en la que se almacenaba la información, el papel, y por consiguiente, de la propia información.

Con la aparición de las nuevas tecnologías, se crearon distintas formas de almacenar la información que no requerían de un elevado coste de mantenimiento, de espacio físico y de requisito de conservación. El soporte en formato digital revolucionó la forma de almacenar la información, haciendo que su coste fuese ínfimo y el espacio requerido para ello, fuese cada vez menor, llegando a nuestros días a ser capaces de almacenar toda la información de la todas la bibliotecas del mundo, en tan solo un disco duro de enorme capacidad de memoria.

6.1. Impresos o escritos

Desde la antigüedad, la humanidad ha recopilado la información que iba adquiriendo, almacenándola en los soportes que la tecnología de su época le ha permitido. Ya sea mediante las inscripciones en piedra, escritos en metal, mediante grabados o derivados animales como el cuero, el hombre ha sabido guardar la información importante, en forma escrita con el único inconveniente del deterioro de dichos soportes bien por el paso del tiempo, bien por la poca calidad de los materiales usados y falta de idoneidad para ser utilizados como soporte de información o bien por la falta de los adecuados requisitos de conservación de los soportes de información.

Con la invención del papel antes, y posteriormente con la aparición de la imprenta en el siglo XV (1450) por Johann Gutenberg, la forma de almacenar la información cambia drásticamente, ya que hasta la fecha, son los monjes en sus monasterios y abadías los encargados de la custodia, mantenimiento y copia de las obras documentales, los únicos capaces de trasmitir la información y el único lugar donde era posible el acceso a dicha información, siempre y cuando uno hubiese acogido los hábitos o perteneciese a las altas clases sociales.

La imprenta por tanto, es el invento que lleva la información al público en general y permite una rápida difusión de la información de todo tipo, surtiendo a las bibliotecas de la época de libros, manuales, copias, etc., con relativa rapidez, eficacia y calidad.

Como desventaja fundamental de almacenar la información de forma escrita e impresa en documentos elaborados en papel o derivados, encontramos la necesidad de poseer unas instalaciones físicas acordes con el volumen de información que se posee, lo que puede llegar a representar un elevado coste para el propietario de dicha información, además de que el papel es un material que con el paso del tiempo se deteriora, por lo que es necesario una serie de requisitos ambientales que hagan que la conservación de dichos documentos sea la óptima para que puedan permanecer el máximo tiempo posible de manera accesible.

Famoso Códice Calixtino de la Catedral de Santiago. Fuente de información en la que se detallan los avatares del Camino de Santiago en la época de la Edad Media.

6.2. Edición electrónica

La edición electrónica es aquella en la que la elaboración de la información o el soporte de la información se realizan o se encuentran materializadas en formato electrónico o digital.

Un documento digital se diferencia del formato tradicional o impreso en papel en al menos tres aspectos:

- Por su permanencia en el tiempo.
- Por su apariencia física.
- Por el tamaño que ocupa, ya que el digital no se encuentra limitado por cuestiones de espacio, sino por el avance de la tecnología que permite su almacenamiento.

Es importante saber que cualquier documento que actualmente se encuentra en formato tradicional, puede tener su duplicado en formato digital o electrónico como, cualquier formato digital puede tener su copia en formato tradicional. Esto es debido a que actualmente coexisten ambas tecnologías de almacenar la información y de obtener la información. Ambas formas de edición, poseen sus ventajas e inconvenientes, en concreto para el formato electrónico o digital, los inconvenientes principales son:

- La facilidad de realizar copias y el control de las mismas para evitar los posibles plagios.
- La falta de normalización en la elaboración de los contenidos digitales debido fundamentalmente al elevado número de formatos y estándares existentes en el mercado para la creación de los documentos electrónicos o digitales.

Como ventajas, principalmente son:

- La portabilidad de los documentos en formato digital. Su reducido tamaño hace posible una fácil reproducción aún a pesar de requerir necesariamente la utilización de un equipo informático.
- La renovación de determinadas obras ya agotadas en formato tradicional que fácilmente podrían volver a la "vida" si se convierten en documento y/o obras digitales.
- Las características accesorias de los documentos digitales que no son posibles encontrarlos en los tradicionales como los vínculos o enlaces, animaciones, en las imágenes un mayor número de colores, etc.
- La enorme difusión y accesibilidad de la documentación que se encuentra en formato digital en la red de redes.

En relación con los tipos de documentos, en el caso de texto, que podemos encontrar en formato digital, encontramos:

- Documentos de texto plano, los cuales no tienen un formato definido y solo se componen de una serie de caracteres sucesivos.
- Documentos en HTML *(Hypertext Markup Language),* cuyo formato se encuentra en el lenguaje utilizado por las páginas web.
- Documentos en PDF *(Portable Document Format),* formato digital de un documento u obra en representación facsímil. Este tipo de formato es propiedad de la empresa de *software* Adobe System.
- Otros tipos de formatos como Macromedia Director y Flash, RTF *(Rich Text Format),* Microsoft Word, Microsoft Reader, etc., todos ellos son formatos digitales utilizados muy comúnmente por desarrolladores o usuarios. Estos formatos pertenecen a empresas como Microsoft.

```
default.html                              >   default.css*                    ▾ ♫
  6|                                       94|    .fragment header[ro
  7|   <!-- WinJS references -->           95|   {
  8|   <link href="//Microsoft.WinJS.1.    96|        -ms-grid-column
  9|   <script src="//Microsoft.WinJS.1    97|   }
 10|   <script src="//Microsoft.WinJS.1    98|
 11|                                      99|    .fragment heade
 12|   <!-- memory references -->        100|   {
 13|   <link href="/css/default.css" re  101|        margin-left
 14|   <script src="/js/default.js"></s   102|   }
 15| </head>                             103|   }
 16| <body>                              104|
 17|   <div id="gameBody">               105| #gameBody {
 18|       <h1 id="gameTitle">memory</h   106| }
 19|       <p id="gameTagline">jog your   107|
```

Fragmento de texto en formato HTML, lenguaje utilizado por las páginas web para su desarrollo

Actividades

10. Reflexione sobre las siguientes cuestiones:

  ı ¿Se llegará algún día a la total desaparición del soporte escrito de la información?
  ı ¿Qué papel crees que tendrá en el futuro la edición electrónica en el almacenamiento y soporte de la información?

6.3. Multimedia: información audiovisual

Otra de las formas en las que la información puede ser almacenada, es mediante documentos formados por información sonora, visual o los llamados archivos multimedia, que se componen tanto de información sonora, visual, texto, imágenes, etc., pudiendo llegar incluso a realizar una interactividad con los usuarios, lo que se llaman contenidos interactivos.

Los documentos formados por imágenes estáticas, han pasado un largo recorrido desde las primeras pinturas prehistóricas en las cuevas, las pinturas y frescos de épocas posteriores, hasta llegar a la fotografía y las imágenes digitales en nuestra época. Actualmente, cualquier tipo de imagen en formato tradicional puede ser pasada a formato digital por medios informáticos y electrónicos o bien, creada por determinados *software* específicos para este tipo de información.

Proceso de escaneado de documentación escrita para preservar su conservación y mejorar su divulgación a todos los usuarios.

Toda imagen estática puede tener dos tipos de formato digital o electrónico a saber, las imágenes vectoriales o imágenes en mapa de *bits,* siendo este el formato más utilizado para determinados trabajos en los cuales la imagen es procesada en bits de información por el equipo informático y almacenada en cualquier tipo de soporte digital para posteriormente ser reproducida tantas veces como se quiera sin perder calidad.

Los formatos más utilizados en este tipo de información son los archivos JPEG *(Joint Photographic Expert Group),* GIFF *(CompuServe Graphics Image Format File)* y PNG *(Portable Network Graphic).* Todos ellos son formatos que permiten crear imágenes, en algunos casos con una determinada paleta de colores o con imágenes en movimiento, como el caso de los GIFF y que sobre todo, permiten guardar una determinada cantidad de información en un pequeño recurso de memoria.

En relación a los archivos sonoros o de imágenes en movimiento (videos), existen distintos formatos que pueden ser utilizados para la elaboración, almacenamiento y reproducción de este tipo de archivos:

- **Formato MOV.** Formato de archivo desarrollado por la empresa Apple Computer que permite la creación, modificación, publicación y reproducción de documentos multimedia.
- **Formato AVI** *(Audio Video Interleave).* Originario de Windows (Microsoft) permite ser reproducido en cualquier sistema Windows.

- **Formato MPEG.** Formato que se compone de una sucesión de imágenes estáticas en movimiento.
- **Formato MP3 o MP4.** Formato de archivos o documentos únicamente sonoros cuya principal ventaja es su reproducción de alta calidad sonora en un archivo sonoro que ocupa una pequeña parte de memoria física del equipo informático.

7. Normativa reguladora del tratamiento de la información

Antes incluso de la extensión universal de la documentación e información en soporte digital, la legislación ya regulaba el uso que de dicha información se realizaba, protegiendo a sus autores con la figura legislativa de los derechos de autor así como, de la autoría de los mismos mediante su propiedad intelectual.

Aun así y con el auge de las tecnologías de la información y comunicación (TIC) y el uso compartido de la información a través de Internet por usuarios, administraciones, organizaciones públicas o privadas, etc., se ha requerido por parte del legislador, una normativa que protegiera los datos más sensibles o comprometedores de los usuarios.

Todo ello, con el paso del tiempo ha dado como resultado un conglomerado de normativas cuyo fin primordial es salvaguardar los derechos tanto de autores y/o propietarios como usuarios de la información, independientemente de la materia de que se trate.

7.1. Propiedad intelectual

Según el Real Decreto Legislativo 1/1996, de 12 de abril, por el que se aprueba el texto refundido de la Ley de Propiedad Intelectual, regularizando, aclarando y armonizando las disposiciones legales vigentes sobre la materia, en su artículo 2, establece que:

La propiedad intelectual está integrada por los derechos de carácter personal y patrimonial, que atribuyen al autor la plena disposición y el derecho exclusivo a la explotación de la obra, sin más limitaciones que las establecidas en la Ley.

Por tanto, todas aquellas creaciones literarias, artísticas o científicas producidas por una persona natural, al cual se le denomina autor, estarán protegidas por los derechos que le ampara dicho real decreto legislativo y que dichos derechos, son de exclusividad del autor solo por el mero hecho de haber realizado la creación.

En el capítulo 3 del real decreto legislativo, se establecen el conjunto de derechos que conforman la propiedad intelectual, distinguiendo entre derechos morales (artículos 14 al 16) y derechos patrimoniales o de explotación (artículos 17 al 23) a saber:

- Derechos morales como el derecho a decidir la forma de divulgación o el reconocimiento del autor de la obra, modificar la obra o retirarla del comercio por cambio de sus convicciones intelectuales o morales.
- Derechos morales en los supuestos de legitimación *mortis causa.*
- Derechos morales en relación a la sustitución en la legitimación *mortis causa.*
- Derecho exclusivo de explotación y sus modalidades
- Derecho de reproducción, distribución, comunicación pública transformación y cesión de los derechos de explotación no impidiendo la publicación de las obras reunidas en una colección.

Así mismo, la legislación española ofrece mecanismos de protección de los derechos de la propiedad intelectual, pudiendo los autores iniciar acciones administrativas, civiles y penales. La ley hace referencia a ello en su Libro III, Título I, acciones y procedimientos. Del mismo modo en su libro III, Título II se regula el Registro General de la Propiedad Intelectual (artículo 144.1 y artículo 144.2) donde se establece que:

El Registro General de la Propiedad Intelectual tendrá carácter único en todo el territorio nacional. Reglamentariamente se regulará su ordenación, que incluirá, en todo caso, la organización y funciones del Registro Central dependiente del Ministerio de Cultura y las normas comunes sobre procedimiento de inscripción y medidas de coordinación e información entre todas las Administraciones públicas competentes.

Toda la información relativa a la propiedad intelectual junto con una extensa base de datos de la normativa tanto nacional a través de leyes, reales decretos, así como de ámbito internacional a través de Directivas, Recomendaciones y Tratados, es posible acceder a ella en la web del ministerio en su apartado específico de Propiedad Intelectual.

Esquema de las distintas materias que representa la propiedad intelectual como derecho exclusivo del autor

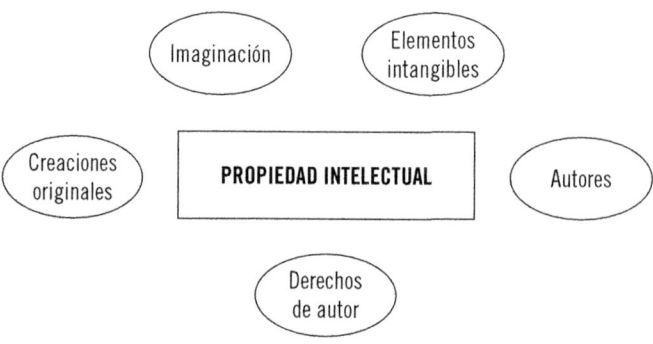

7.2. Derechos de autor

Los derechos de autor se encuentran regulados en el Real Decreto Legislativo 1/1996, de 12 de abril, por el que se aprueba el texto refundido de la Ley de Propiedad Intelectual, regularizando, aclarando y armonizando las disposiciones legales vigentes sobre la materia, en concreto en su Libro I, Título I, Disposiciones Generales.

Los derechos de autor son todas aquellas facultades, que adquiere en este caso el creador, de una obra artística, literaria o científica y que le reconoce la ley por el mero hecho de ser su creador. Estos derechos reconocidos son independientes, compatibles y acumulables con la propiedad y otros derechos que tengan por objeto algo material, los derechos de la propiedad industrial y otros derechos de la propiedad intelectual reconocidos en el Real Decreto Legislativo en su Libro II.

En definitiva, el derecho de autor tiene como objetivo proteger las obras originales de sus autores pudiendo ser estas:

■ Obras escritas.
■ Obras musicales.

- Obras artísticas.
- Obras dramáticas y coreográficas.
- Películas y productos multimedia.
- Programas informáticos.

Los derechos de autor protegen la forma en la se ha expresado la idea del autor pero no protege la idea ni simples hechos realizados por el propio autor, por ello es importante que dicha idea o hecho se haya plasmado en algún tipo de obra o formato de obra de los anteriormente expuestos.

La única condición en la que la mayoría de los casos se procede a la protección de los derechos de su autor, es la originalidad de la obra, independientemente de la calidad de la misma, por lo que una simple copia de otra obra, no podrá ser protegida por esta figura jurídica.

Un aspecto importante del derecho de autor es que según el Convenio de Berna, todos los autores disfrutan de una serie de derechos comunes en los más de 160 países que han firmado dicho convenio desde el mismo momento que se le ha otorgado el derecho de autor a su creador.

 Sabía que...

La OMPI (Organización Mundial de la Propiedad Intelectual) tiene como misión desarrollar y actualizar los acuerdos sobre derechos de autor a nivel internacional. Su sede se encuentra en Ginebra, Suiza.

Según el Convenio de Berna, el autor posee dos tipos de derechos:

- Derechos económicos en los que se hace referencia al derecho exclusivo del autor a:

    - Reproducir su obra.
    - Traducirla a otros idiomas.
    - Adaptar su obra a otros formatos.
    - Exhibir y/o representar la obra en público.
    - Distribuir la obra para su venta.
    - Emitir la obra por distintos medios de comunicación.
    - Comunicar la obra al público como por ejemplo, poniéndola a disposición de todos los usuarios en Internet.

- Derechos morales, aquellos que hacen que exista un vínculo personal entre los autores y sus obras:

    - Ser reconocido como el autor de la obra bien con su nombre propio o ficticio (seudónimo) o permanecer anónimos.
    - Oponerse a cualquier modificación de la obra que pueda poner en peligro su integridad, honor y reputación como autor.

 Sabía que...

En España, la duración de los derechos patrimoniales de autor con carácter general tienen una duración desde su plasmación en un soporte tangible hasta 70 años después de la muerte del autor, aunque modificaciones posteriores de la Ley han dado lugar a una duración que en la práctica, llega a los 80 años tras la muerte del autor (para los autores fallecidos antes de 1987).

Un aspecto característico del derecho de autor es la duración del mismo, ya que este no dura para siempre. La duración o vigencia del derecho va a depender de las leyes nacionales de cada país, del autor de la obra y de la naturaleza de la misma. En los países firmantes del Convenio de Berna, la duración como mínimo es de 50 años tras la muerte del autor, en algunos países de la Unión Europea y en Estados Unidos, ese periodo puede llegar a durar la vida del autor más 70 años después de la muerte del mismo.

Toda la información relativa al derecho de autor es posible encontrarla y poder acceder a ella a través de la base de datos WIPO LEX (Información jurídica de propiedad intelectual de todo el mundo) de la OMPI (Organización Mundial de la Propiedad Intelectual).

 Actividades

11. ¿Cree que en la actualidad en España se realiza un correcto control de la propiedad intelectual y de los derechos de autor como medio de proteger los derechos de las obras originales de los autores? Busque información al respecto.

7.3. Protección de datos

La protección de datos tiene por finalidad proteger la intimidad y demás derechos reconocidos por la ley a las personas físicas frente al riesgo que pueden sufrir por la recopilación y el uso que se dé a los datos personales de estas personas, entendiendo como datos personales, toda aquella información relativa al ámbito privado y que puede ser utilizada para obtener información sobre sus hábitos, relaciones personales, etc., este hecho puede provocar una auténtica indefensión de la persona, frente a organizaciones o personas que pueden utilizar dicha información para beneficio propio o para otros usos no bien intencionados.

En España, la Ley Orgánica 3/2018, de 5 de diciembre, de Protección de Datos Personales y garantía de los derechos digitales (LOPDGDD), es la norma que tiene por objeto trasponer el Reglamento europeo de protección de datos a la normativa nacional, en lo que respecta a la protección de las personas físicas en relación al tratamiento de sus datos personales y a la libre circulación de estos; además de, garantizar los derechos digitales a la ciudadanía española, en relación a la limitación del uso de la informática para garantizar su intimidad y el ejercicio de sus derechos.

El marco jurídico básico en España por el que se regula la protección de datos, se completa con:

- El artículo 18.4 de la Constitución Española, perteneciente a los derechos fundamentales y de las libertades públicas de los individuos donde se hace referencia a la limitación del uso de la informática para garantizar dichos derechos.
- El Reglamento (UE) 2016/679 del parlamento europeo y del consejo de 27 de abril de 2016, relativo a la protección de las personas físicas en lo que respecta al tratamiento de datos personales y a la libre circulación de estos datos y por el que se deroga la Directiva 95/46/CE. (RGPD)
- Instrucciones de la Agencia Española de Protección de Datos como autoridad de control independiente que vela por el cumplimiento de la normativa sobre protección de datos.

La normativa exige a todas aquellas personas físicas o jurídicas, instituciones, organismos públicos o privados, etc., que en el proceso de sus actividades ordinarias obtengan datos de sus usuarios y/o clientes/proveedores, etc., cumplan con los principios aplicables al tratamiento de dichos datos. Estos son licitud, lealtad y transparencia; limitación de la finalidad, minimización de los datos, exactitud, limitación del plazo de conservación, confidencialidad, tratamiento por obligación legal, consentimiento, categoría de datos y tratamiento de datos penales.

Según la normativa de protección de datos, estos se clasifican en tres categorías: básicos (datos de carácter personal), especiales (relativos a religión, ideología, salud, etc.) y de naturaleza penal. Con carácter general, solo se permite el tratamiento de los datos básicos, aunque las otras dos categorías pueden ser tratadas pero con restricciones.

Los usuarios pueden ejercer una serie de derechos que les garantizan la protección de sus datos en el proceso de tratamiento. Están recogidos en los artículos 13 a 18 de la LOPDGDD y son acceso, rectificación, supresión, limitación, portabilidad y oposición. Además, la ley regula un conjunto de derechos digitales en materia de protección de datos.

La Agencia Española de Protección de Datos es el organismo que vela por el cumplimiento de la Ley sobre protección de datos personales.

8. Resumen

En la actualidad, la información y su posesión en sus distintos formatos y obtenida a través de sus distintas fuentes, representa un mayor conocimiento y en algunas circunstancias poder y capacidad de persuasión, como por ejemplo en el caso de las campañas comerciales realizadas según los hábitos de consumo de los individuos obtenidos mediante encuestas o ficheros de datos de los mismos.

No toda la información es igual y esta, estará en función del tipo de fuente de la que se obtiene, bien sea primaria o secundaria. La existencia de distintos formatos en los que se encuentra la información va a depender también de la fuente de la que derive y del uso final que tiene dicha información, independientemente de la materia de la que verse.

Hoy en día y gracias a las nuevas tecnologías de la comunicación y de la información (TIC) existen multitud de formatos, medios y soportes en los que se manifiesta la información, haciendo en algunas ocasiones que esta sea de mayor calidad y de más fácil acceso a los usuarios, no obstante y dada las ingentes cantidades de información que se producen en la actualidad en sus distintos soportes (impresos o escritos, digital y multimedia) es necesaria una regulación que establezca los derechos y obligaciones de ambas partes, productores y consumidores de información en relación a su propiedad, derechos de autor y fundamentalmente, protección de los datos de las personas físicas.

Ejercicios de repaso y autoevaluación

1. Según el origen de la información, ¿qué tipo de fuentes de información podemos encontrar?

_____

_____

_____

_____

2. Las fuentes primarias de información son...

    a. ... aquellas que se encuentran formadas por material ya conocido.

    b. ... aquellas compuestas por información original y ya conocida.

    c. ... aquellas que no siguen un esquema predefinido.

    d. ... aquellas que siguen un esquema predefinido.

3. ¿Qué es el CIDOC? Explíquelo brevemente.

_____

_____

_____

_____

4. Complete el siguiente texto.

Monografía, o también llamado _____, será todo aquel documento de una determinada _____ que trata sobre un tema en particular realizado por _____ autores. Contiene información _____ que podrá estar o no _____ incluyendo una _____ sobre el tema.

5. Indique cuáles son las diferencias básicas entre Periódico, Revista y Publicación seriada.

_____

_____

_____

_____

6. Sopa de letras. Busque los diferentes tipos de materiales no convencionales o literatura gris. A continuación indique a qué tipo de fuente de información pertenecen.

E	T	N	E	T	A	P
M	A	H	R	A	N	I
R	U	O	M	S	S	N
O	R	R	U	I	G	U
F	O	A	S	C	E	Z
N	U	E	I	K	B	E
I	T	A	M	R	C	P

7. Indique cuál de las siguientes fuentes es una fuente secundaria de información.

    a. Encuestas a los consumidores.

    b. Directorios.

    c. Traducciones.

8. Señale si las siguientes afirmaciones son verdaderas o falsas.

    a. Un índice KWOC es aquel en el que las palabras clave no se encuentran en medio de los términos contextuales de los documentos en los que encontramos dichas palabras.

        ☐ Verdadero

        ☐ Falso

b. Los índices KWIC/KWOC solo es posible encontrarlos en fuentes de información primaria en consumo.

☐ Verdadero
☐ Falso

c. Los Tesauros son las herramientas utilizadas para el procesamiento de la información, sometidas a regulación normativa internacional y formados en muchos casos por índices KWIC/KWOC.

☐ Verdadero
☐ Falso

9. **¿Cómo se denominan aquellas bases de datos que únicamente recogen información muy concreta y relativa a datos estadísticos, numéricos, resultados de encuestas, etc.?**

a. Bases de datos documentales.
b. Directorios.
c. Bases de datos factuales.

10. **Indique los distintos tipos de bases de datos según la temática y destino.**

_____
_____
_____
_____
_____
_____
_____
_____

11. **Complete el siguiente texto.**

La propiedad _____ está integrada por los _____ de carácter _____ y _____, que atribuyen al autor la plena disposición y el derecho exclusivo a la _____ de la obra, sin más _____ que las establecidas en la _____.

12. El derecho de autor tiene como objetivo proteger...

    a. ... las obras escritas, obras manuscritas y obras artísticas.
    b. ... las obras escritas, obras manuscritas, películas, obras artísticas, etc.
    c. ... las obras escritas, obras manuscritas, películas, obras artísticas, etc., siempre y cuando sean originales.

13. ¿Según qué convenio internacional se establece la duración mínima del derecho de autor tras su muerte?

    a. Convenio de Luxemburgo.
    b. Convenio de Viena.
    c. Convenio de Berna.

14. El tratamiento de los datos según la Ley Orgánica 3/2018 depende del tipo de dato de que se trate. Indique cuáles son las categorías existentes y su tratamiento.

_____
_____
_____
_____

15. Relacione el tipo de soporte de la información con su formato.

    a. Impresos o escritos
    b. Edición electrónica
    c. Multimedia

    __ Archivo JPEG
    __ Documento HTML
    __ Documento PDF
    __ Archivo MOV
    __ Facsímil

Capítulo 2

Técnicas de búsqueda de información en consumo

Contenido

1. Introducción

En la actualidad, vivimos en un mundo inundado de información muy heterogénea, donde es fácil encontrar a menudo cualquier tipo de fuente que surta a los individuos de grandes cantidades de información siendo por tanto, extremadamente difícil determinar cuál es, y cuál no es de calidad.

Para ello, han ido surgiendo distintos tipos de herramientas que ayudan al usuario o consumidor de información, a obtener esta de una manera relativamente sencilla, en un determinado volumen, con unas determinadas características y a un determinado coste. La relación existente entre estas variables son las que van a determinar para los usuarios la calidad o no de la información obtenida.

El problema de la calidad de la información, se agrava cuando se incluye la información que se genera mediante las nuevas tecnologías, ya que hace que el problema de la sobreinformación se multiplique exponencialmente. Es por ello que también en este ámbito, han surgido distintas herramientas y motores de búsqueda de información que facilitan esta labor y que a su vez, se benefician para la consecución de sus objetivos, de los avances tecnológicos en los medios de comunicación.

2. Tipos y herramientas de búsqueda de información en consumo: sitios Web, institucionales, páginas personales, foros y grupos de noticias

Todo proceso de búsqueda de información va a requerir al usuario una serie de acciones u operaciones que tendrán por objeto el poner a su disposición, una determinada cantidad de información. Es evidente que todo proceso de búsqueda de información está irremediablemente ligado al tipo de información que se quiere obtener y en la mayoría de los casos, de las herramientas y motores de búsqueda de dicha información. En concreto, para la información en consumo, podemos establecer tres tipos de herramientas de búsqueda u obtención de la información:

- Procedimientos o herramientas tradicionales.
- Procedimientos o herramientas basadas en las nuevas tecnologías.
- Otros procedimientos o herramientas.

2.1. Procedimientos o herramientas tradicionales

Estos tipos de procedimientos o herramientas se usan en la actualidad con mucha frecuencia y en ocasiones son totalmente necesarias para obtener determinada información en materia de consumo, como por ejemplo los estilos de vida, gasto medio de las familias, hábitos de consumo, etc.

En concreto, encontramos las siguientes herramientas para obtener información en consumo:

- Las entrevistas.
- La observación.
- La medición.
- Los cuestionarios o encuestas.
- El estudio de documentos.

Las entrevistas son aquellas conversaciones que tienen por finalidad mediante la realización de una serie de preguntas al entrevistado, obtener la información requerida o necesaria para el entrevistador. La entrevista es una herramienta que necesita del consentimiento del entrevistado y de la veracidad de la información dada por el mismo, por lo que esta ha de ser pactada con anterioridad.

Una vez que la entrevista se ha dado por finalizada, el entrevistador analizará las respuestas dadas por el entrevistado con el objetivo de obtener la información buscada y requerida por este.

La observación se basa en la captación de la información a través de los sentidos. Es una herramienta que requiere de una especial habilidad y sobrada experiencia, ya que no solo se trata de ver, sino de saber ver y buscar, es decir, saber observar. Estas personas capaces de saber buscar mediante la observación la información que necesitan se denominan observadores o cazadores. Son personas capaces incluso de detectar mediante este procedimiento, los hábitos de consumo de los individuos en mucho tiempo de antelación, como por ejemplo los cazadores de tendencias de moda, colores, etc.

La medición es la herramienta de obtención de información mediante la cual se intenta comprobar la veracidad de la información obtenida. Mediante la medición, es posible obtener valores estadísticos de la información (ejemplo: el IPC. Índice de Precios de Consumo), información subjetiva (hábitos de consumo, sabores preferidos, colores, etc.), valores esperados de la información y la evaluación de las características de la información obtenida como la relevancia, veracidad o credibilidad de la información.

 Sabía que...

El IPC (Índice de Precios de Consumo), mide la evolución del conjunto de precios de los bienes y servicios que consume la población residente en viviendas familiares en España. Se obtiene mediante la realización de una encuesta a una muestra poblacional de manera mensual.

Los cuestionarios o encuestas son herramientas que consisten en una serie de preguntas establecidas previamente y con un determinado formato, que son expuestas ante un individuo para su cumplimentación y que posteriormente mediante su análisis, se obtiene la información requerida o buscada.

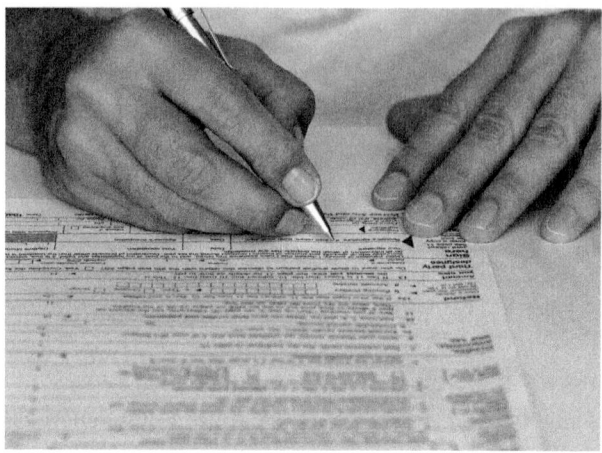

Cliente cumplimentando una encuesta de satisfacción.

Su diseño no es sencillo, debido a que este tipo de herramienta debe ser lo más breve posible para que el individuo no pierda el interés, y por el tipo o formato de preguntas a realizar, ya sean abiertas o cerradas así como, el orden de dichas preguntas y la forma de realización de la encuesta (presencial, verbal, telemática, etc.).

La última herramienta o procedimiento tradicional de obtención de la información en consumo es mediante el estudio de la documentación; estudio de documentos independientemente del soporte de los mismos. Para ello, es necesario tener claro el tipo de información que queremos estudiar para de ese modo, elegir los documentos a estudio de la forma más eficiente y acertada posible. En concreto podemos obtener información de: publicaciones periódicas y libros, legislación y jurisprudencia, y datos comerciales de diversas empresas.

Publicaciones periódicas y libros

Las publicaciones periódicas son básicamente las revistas o periódicos, ya sean en formato tradicional (papel) o digital. Poseen un marcado carácter periódico que oscila entre el diario y semanal (periódicos o semanarios), a periodos más largos o irregulares (meses, semestres, anuales), como el caso de los anuarios en materia de consumo, revistas especializadas, etc. La gran ventaja de las publicaciones periódicas es su rápida actualización frente a otro tipo de publicaciones como son los libros.

Publicaciones periódicas como The Wall Street Journal son fuentes de información importantes en materia económica y de consumo.

Los libros sobre consumo o temas especializados de consumo y economía, son una fuente importante de información además de estar contrastada y cuyos contenidos pueden ser considerados de calidad, debido a la reputación profesional de sus autores. Su principal problema es su falta de actualización, ya que el proceso de elaboración de este tipo de formato de información, requiere de un considerable espacio de tiempo, por lo que es recomendable la utilización de otras fuentes de información complementarias y más actualizadas.

Las distintas organizaciones institucionales en materia de consumo, a través de sus páginas web, ofrecen la posibilidad de obtener una serie de documentación en consumo en formato libro, revistas, monografías o manuales, para el uso del consumidor de a pie, investigador o cualquier individuo que demande dicha información.

 Actividades

1. Busque en Internet información sobre publicaciones periódicas a nivel nacional o internacional e identifique aquellas más relevantes en materia económica y de consumo.

Legislación y jurisprudencia

Como no podía ser de otra manera, una de las fuentes de información más importantes en materia de consumo, es la propia legislación de dicha materia, ya que es la base para toda la información que establezca con posterioridad y esta nunca podrá ser contraria a lo estipulado en la legislación vigente ya sean a nivel supranacional, nacional o autonómico. En concreto, a nivel nacional, las principales normas legislativas a tener en cuenta son:

- Real Decreto legislativo 1/2007, de 16 de noviembre, por el que se aprueba el texto refundido de la Ley General para la Defensa de los Consumidores y Usuarios y Otras leyes complementarias.
- Ley 60/2003, de 23 de diciembre, de Arbitraje.
- Real Decreto 713/2024, de 23 de julio, por el que se aprueba el Reglamento que regula el Sistema Arbitral de Consumo.
- Orden ECO/734/2004, de 11 de marzo, sobre los departamentos y servicios de atención al cliente y el defensor del cliente de las entidades financieras.

Asimismo, no se ha de olvidar la normativa en materia de consumo que cada una de las comunidades autónomas que componen el Estado español, emite dentro de sus propias competencias sin olvidar, que ninguna de estas normas podrá contravenir a una norma de carácter estatal.

También se habrá de tener en cuenta que las instituciones europeas emiten normativa en materia de consumo y de garantía de los propios consumidores, siendo algunas de las normas más importantes:

- Reglamento (UE) 2017/2394 del Parlamento Europeo y del Consejo de 12 de diciembre de 2017 sobre la cooperación entre las autoridades nacionales responsables de la aplicación de la legislación en materia de protección de los consumidores.
- Directiva 2011/83/UE del Parlamento Europeo y del Consejo de 25 de octubre de 2011 sobre los derechos de los consumidores.
- Directiva 2005/29/CE del Parlamento Europeo y del Consejo, de 11 de mayo de 2005, relativa a las prácticas comerciales desleales de las

empresas en sus relaciones con los consumidores en el mercado interior (Directiva sobre las prácticas comerciales desleales).

Otro aspecto muy importante a tener en cuenta es la denominada jurisprudencia, ya que también proporciona una fuente de información tan válida como la legislativa.

 Definición

Jurisprudencia
Conjunto de las sentencias de los tribunales, y doctrina que contienen, es decir, la interpretación de las distintas sentencias establecidas por los tribunales (nacionales o europeos) en materia de consumo.

Datos comerciales de diversas empresas

Las propias empresas poseen bases de datos de sus operaciones de tráfico diarias que en su conjunto forman una poderosa fuente de información en consumo. La actividad o actividades que desarrolla la empresa, proveedores, clientes, artículos, servicios, hábitos de consumo, etc., son datos que poseen la empresas y que de forma gratuita o no, es posible que se encuentren a disposición de los usuarios.

Es evidente que son las grandes compañías las que poseen grandes bases de datos comerciales y que facilitan la labor de investigación comercial, comparación entre empresas, etc., además existen empresas como los bancos, cajas de ahorro, establecimientos financieros de crédito, etc., que periódicamente elaboran informes económicos y comerciales que son de gran valor para los usuarios y demandantes de este tipo de información.

Por último, los registros mercantiles, organismos públicos cuya función es la de dar publicidad sobre las personas físicas o jurídicas que realizan actividades mercantiles, ofrecen mediante el pago de un determinado precio, la información financiera, económica y comercial de la empresas inscritas en ellos.

Actividades

2. ¿Cuáles son los principales recursos y/o fuentes de información en consumo?

2.2. Procedimientos o herramientas basadas en las nuevas tecnologías: sitios webs

Los sitios webs son uno de los nuevos procedimientos o herramientas con los que el individuo puede obtener información y que se basan en las nuevas tecnologías de la información y comunicación (TIC). Un sitio web puede definirse como un conjunto de páginas web conectadas todas ellas entre sí mediante enlaces; los llamados links. Cada una de esas páginas interconectadas van a contener texto, imágenes, videos, audio, etc., en definitiva, todo tipo de información en distintos formatos.

Todo sitio web se caracteriza por:

- Están creados para determinados usuarios o individuos.
- El creador del sitio web es el responsable del contenido.
- Se identifica por la dirección web (www.nombredelsitio.extensión).
- Las distintas páginas web, conforman el contenido del sitio web.
- Cada una de las páginas del sitio web, hacen referencia a otras del mismo sitio.
- Tienen un diseño atractivo y usable.
- Posee un alcance global.
- Se encuentra ubicado en un sitio remoto (servidor).

En consumo, existen multitud de sitios web donde es posible encontrar información, desde sitios web personales, de asociaciones, públicos, privados, instituciones gubernamentales, etc., como por ejemplo:

- *www.consumoresponde.es:* página oficial de consumo responde.
- *www.consumo.gob.es/:* área de consumo del Ministerio de Derechos Sociales, Consumo y Agenda 2030.
- *https://saludextremadura.ses.es/incoex/:* página oficial del Instituto de Consumo de Extremadura.

 Actividades

3. Como se ha comentado, actualmente coexisten herramientas y procedimientos tradicionales y basados en las nuevas tecnologías para la búsqueda de información en consumo. ¿Cree que el progresivo aumento del uso de las herramientas con base tecnológica y la más que posible aparición futura de nuevas herramientas, va a hacer desaparecer los procedimientos o herramientas tradicionales? Razone la respuesta.

2.3. Otros procedimientos o herramientas: institucionales, páginas personales, foros y grupos de noticias

Las herramientas institucionales de búsqueda de información en consumo, hacen referencia a las distintas localizaciones y formas de obtener la información por parte de los usuarios, que las instituciones ponen a su disposición.

En España, en la actualidad existe un número considerable de instituciones que ofrecen información en materia de consumo que alcanza desde los propios organismos gubernamentales hasta bancos, instituciones europeas, institutos de investigación y otro tipo de instituciones como las asociaciones de industriales y comerciantes, cámaras de comercio, federaciones, comisiones nacionales, etc.

Las herramientas de búsqueda de información de este tipo de instituciones son de lo más variado. A nivel nacional es posible encontrar:

- Herramientas macroeconómicas como la contabilidad nacional.
- Anuarios estadísticos.
- Encuestas de coyuntura económica.
- Boletines estadísticos.
- Memorias del servicio de reclamaciones del Banco de España.
- Etc.

Todos ellos son elaborados por el Instituto Nacional de Estadística, el Banco de España u otros organismos gubernamentales o independientes de la Administración del Estado.

En cuanto a las instituciones como cámaras de comercio, federaciones, asociaciones, instituciones de investigación etc., elaboran en su gran mayoría:

- Anuarios
- Informes a clientes
- Paneles de consumo
- Encuestas de satisfacción
- Informes
- Etc.

A nivel internacional, Naciones Unidas a través de FAO (Food and Agriculture Organization), OCDE (Organización para la Cooperación y el Desarrollo), UNESCO (Organización de las Naciones Unidas para la Educación), el Banco Mundial o el FMI (Fondo Monetario Internacional), elaboran todo tipo de encuestas, anuarios, informes y estadísticas en multitud de ámbitos en materia de consumo.

Por último, y gracias al auge de las Nuevas Tecnologías de la Información y Comunicación (TIC), se han desarrollado multitud de páginas personales, foros de participación y grupos de noticias relacionados todos ellos con la información en materia en consumo. Algunos ejemplos son:

- *https://www.noticias-positivas.com*
- *https://www.abc.es/economia/consumo*
- *https://www.ticpymes.es/consumo*

Actividades

4. Enumere las distintas fuentes de información en consumo existentes a nivel autonómico, nacional y supranacional.

Fuentes y/o recursos	Ventajas	Desventajas
Observación	Información muy especial que solo es posible obtenerla mediante este método.	La información no es suficiente y requiere de un personal muy adiestrado para la obtención de la información.
Encuestas	Su coste no es excesivo y se obtiene información de los propios consumidores.	Requiere una gran labor para la confección de la encuesta y para el trabajo de campo. En determinadas preguntas personales, la fiabilidad de la información es menor.
Fuentes internas de las empresas	Su coste es bajo. Se obtiene información primaria sobre clientes, hábitos de consumo, proveedores, etc.	La información no es suficiente y según el tamaño de la empresa, su coste puede llegar a ser excesivo.
Información gubernamental	La información es variada, en cantidad suficiente en determinados casos y su coste nulo o relativamente bajo.	La información puede estar contaminada o sesgada, por lo que puede ser poco fiable o de poca calidad.
Publicaciones periódicas y libros	Se obtiene bastante información, variada y dependiendo de la periodicidad, bien actualizada.	Es necesario utilizar fuentes o recursos complementarios, su coste puede llegar a ser elevado y es necesario determinar la reputación de los autores ya que la información puede llegar a estar contaminada o sesgada.
Datos comerciales de organismos empresariales	Son variados y útiles ya que se obtienen información comercial, hábitos de consumo, puntos fuertes y débiles de la competencia, etc.	Las propias empresas son las que deciden la información que proporcionan además de que pueden resultar muy costosos obtener este tipo de información.
Legislación y Jurisprudencia	Son información muy fiable ya que son la base legal de toda la información que se establezca con posterioridad. Su coste es mínimo o nulo.	Requiere de conocimientos técnicos en legislación para la correcta interpretación de los textos legales.

3. Criterios de calidad, vigencia y fiabilidad de la información y sus fuentes

Toda la información que se emite y que posteriormente los usuarios obtienen, independientemente de la fuente, ha de ser sometida a un examen previo que corrobore su fiabilidad, vigencia y calidad. En la mayoría de los casos, esto no sucede por lo que son los propios usuarios los que deben asegurarse, mediante un análisis, de la fiabilidad de la información.

Por norma general, la inmensa mayoría de los usuarios entienden que dependiendo de la fuente de información, esta podrá ser de mayor o menor calidad y/o fiabilidad, es decir, cuanto más oficial sea la fuente de información, mayor es su calidad. Pero esto no siempre es así, ya que dicha información puede estar sesgada, manipulada o contaminada por intereses económicos, políticos o gubernamentales.

Para que el usuario pueda tener la certeza de que la información obtenida de una fuente determinada es fiable y/o de calidad, existen una serie de criterios que deben de ser conocidos:

- Autoría-credibilidad
- Filiación
- Actualidad
- Propósito
- Audiencia
- Legibilidad
- Objetividad

Autoría-credibilidad

En muchas ocasiones, si el usuario conoce al autor de la información es posible que conozca parte de su obra anterior, por lo que puede dar una orientación sobre la credibilidad de dicha información. Preguntas sobre el nombre del autor, el título de la publicación, la fecha de la misma, si el autor es el creador de la información o no, etc., son esenciales que sean respondidas, ya que van a aportar la credibilidad de la información obtenida por el usuario.

Filiación

La filiación tanto del autor de la información como la propia información, es también un criterio importante a tener en cuenta para determinar la calidad de la información. Los datos pueden provenir de determinados autores u organismos que son afines a determinados sectores económicos, políticos o sociales, por lo que la información aportada, puede estar sesgada, manipulada o contaminada, no siendo útil para el objetivo que el usuario persigue. Para ello, es necesario que el usuario conozca al autor o autores de la información, lo que va a facilitar la identificación de la filiación de estos, así como utilizar distintas fuentes para recabar la información necesaria, pudiendo de esta forma contrastar las fuentes informativas y determinar si la información hallada es de calidad, satisfaciendo por tanto las necesidades de los usuarios.

Actualidad

Para que una información sea de calidad, uno de los requisitos más indispensables es su actualidad. Para determinarla, se ha de tomar en consideración la fecha de creación de la información. Dicha fecha podrá estar comprendida en uno de los siguientes posibles escenarios temporales:

- Información elaborada el mismo día o semana.
- Información elaborada entre una semana y tres años.
- Información elaborada hace más de tres años.

Estos intervalos son orientativos y dependerán en gran medida del tipo de información con la que el usuario está trabajando. En cualquier caso, la información de tres o más años va a ser considerada obsoleta, por lo que será necesario buscar otra fuente que contenga dicha información más actualizada. En materia de consumo, la información se encuentra actualizándose prácticamente y en muchos casos de manera diaria.

Propósito

Toda información que es elaborada para su difusión tiene un propósito, es decir, es elaborada y difundida con una intencionalidad concreta. El usuario debe ser capaz de vislumbrar dicha intencionalidad para saber determinar si dicha información va a cumplir sus necesidades o requisitos. ¿Qué fin tiene esta información? Esa es la pregunta a la que se debe de dar respuesta.

No obstante, siempre es recomendable tener en cuenta qué fuente es la que difunde la información, porque conociendo la fuente, se conoce prácticamente la intencionalidad de la información y por consiguiente su autoría, filiación y calidad.

Audiencia

En gran medida, la audiencia es un criterio de calidad de la información muy ligado al propósito de dicha información. Existen determinadas fuentes de información que elaboran y difunden información de determinada materia para un colectivo específico de usuarios como por ejemplo, los anuarios económicos elaborados por las cámaras de comercio que tienen como destinatarios fundamentales a los empresarios. Por ello, aunque no tan importante como las anteriores características, la audiencia de determinada información, va a revelar a los usuarios su calidad y fiabilidad.

Legibilidad

La legibilidad o cualidad de lo que es legible, es decir, que se puede leer, es una característica de la calidad y fiabilidad de la información. La legibilidad de determinada información va a depender en gran medida no de la habilidad de lectura del usuario, sino de la capacidad de este, de interpretar determinado tipo de información que se encuentra especialmente estructurada o formada por tecnicismos. Un ejemplo claro sería la información ofrecida por un informe de coyuntura macroeconómica, elaborado por el Instituto Nacional de Estadística (INE). Es evidente que cualquier profano en la materia, no va a poder entender en su gran mayoría, la información que aporta dicho informe.

Objetividad

La objetividad es la afirmación basada en datos comprobables sin tener en cuenta las posibles reacciones que provoque dicha afirmación. La objetividad de la información va a depender en gran medida de la filiación de la información obtenida por el usuario. Si dicha información no posee filiación alguna, no encontrándose por tanto contaminada o sesgada, su objetividad será mayor y por tanto su calidad, ya que lo realmente importante para la calidad y fiabilidad de la información es su objetividad en relación con una determina materia.

Muchos autores son más propensos a entremezclar su manera de sentir o entender las cosas con la información que elaboran o difunden, es por ello que el usuario deberá conocer de la materia de la que versa dicha información, para saber identificar la posible subjetividad implícita que pudiera encontrarse en la información obtenida. Si pensamos que toda información no es al cien por cien objetiva, los usuarios deberán tener muy en cuenta este criterio.

 Actividades

5. Enumere los distintos criterios que hay que tener en cuenta para determinar la fiabilidad y/o calidad de una fuente o recurso de información.

4. Análisis comparativo de las fuentes/documentos de información en consumo

Los usuarios y/o consumidores de información en materia de consumo, ya sean estas personas físicas, personas jurídicas, organismos institucionales, gubernamentales, etc., a la hora de recabar la información necesaria para satisfacer sus necesidades, han de tener en cuenta las distintas variables que afectan a las fuentes y documentos de información obtenidos, con el objetivo de rentabilizar el proceso de búsqueda y obtención de la información recabada.

Por ello, variables como el precio, el soporte, la calidad y accesibilidad a la información, etc., en resumen, variables cuantitativas y cualitativas, han de ser tenidas en cuenta a la hora de realizar un posible análisis comparativo de la ratio coste-rendimiento para, de esa forma, saber diferenciar y elegir de manera satisfactoria, la fuente y la información más rentable, fiable y de calidad para el usuario.

En la actualidad, grandes decisiones empresariales se toman teniendo en cuenta la fiabilidad, calidad y rentabilidad de la información con la que las grandes corporaciones empresariales trabajan a diario y toman decisiones que afectan al proceso productivo y al conjunto de la organización.

Prácticamente la información que se consume por los demandantes es información que se encuentra en recursos digitales, debido fundamentalmente a la considerable cantidad de recursos existentes que aumentan exponencialmente día a día, y por la facilidad de acceso y rapidez de obtención de los mismos, lo que los hace mucho más versátiles que los recursos tradicionales.

4.1. Variables de comparativa: precio, soporte, calidad, accesibilidad

El usuario o demandante de información, ya sea en consumo o de cualquier otra materia que le interese, a la hora de determinar las distintas variables que determinan la calidad de información obtenida, ha de ser consciente de que la inmensa mayoría de ellas son variables cualitativas, lo que conduce al usuario al dilema de no encontrar un determinado número de variables y consensuadas por la comunidad científica y por último, la difícil cuantificación de estas variables, dado el carácter cualitativo de cada una de ellas.

En este manual se van a presentar una serie de variables, de los recursos tradicionales y digitales, que en su mayoría son cualitativas y que a su vez, para poder realizar una correcta valoración, se van a diversificar en distintos parámetros o variables individuales que se analizarán de forma aislada. A continuación, dichos parámetros se van a ir puntuando en función del cumplimiento de una serie de requisitos para obtener al final, un valor que va a determinar la calidad del recurso o fuente de información analizada.

Antes de entrar a establecer las distintas variables comparativas que pueden afectar a las fuentes e información en consumo, es necesario discernir entre fuentes de información en consumo internas y fuentes de información en consumo externas.

Anteriormente se han detallado las distintas herramientas y procedimientos de obtención de la información en consumo, las cuales van a formar parte de esta nueva clasificación (interna o externa) que va a depender básicamente de si la fuente y la información pertenecen a la propia organización demandante de información (fuentes de información interna), o pertenecen a organismos independientes de esta (fuentes de información externa) por tanto, el valor de estas variables va a depender en gran medida de su pertenencia a un grupo o a otro.

Lo que sí está claro, es que la información es un elemento que en la organización, representa un valor activo y como tal, necesita ser valorado por esta para poder determinar la correcta rentabilidad de la organización en su proceso productivo y decisional, produciendo capital social e inteligencia organizacional y competitiva, posibilitando la capacidad de acción de la organización en la identificación de los fallos y toma de decisiones de la empresa.

Las distintas variables que se van a tener en cuenta para la valoración de la información son:

- El precio.
- El soporte donde se encuentra la información.
- La calidad de la información.
- La accesibilidad de la información.

El precio

El precio, como elemento cuantitativo de la información, va a ser la variable más fácil de establecer su valor. De hecho, dependiendo del tipo de fuente donde sea obtenida la información, va a tener un precio u otro. Es evidente que a los usuarios les interesa obtener la información al menor precio posible, por lo que la disyuntiva va a estar entre obtener la información necesaria por medios propios, con lo que se incurre en unos costes mínimos, u obtener la información por medios ajenos, pudiendo obtener la información demandada a un precio que en teoría, puede resultar más costoso.

Por norma general, la información obtenida por medios propios (fuentes internas) va a ser menos costosa que la obtenida por medios ajenos, ya que el coste de generar y obtener dicha información, se reparte entre todas las unidades de producción de la organización empresarial, haciendo que su coste sea sustancialmente menor. Por el contrario, si el usuario decide obtener la información de fuentes externas, el precio de dicha información será el que el propio mercado establezca para esa información en concreto.

En resumen, no se puede afirmar con rotundidad que exista un tipo de herramienta o procedimiento de obtener información en consumo cuyo coste sea el más adecuado, ya que ello va a depender en gran medida del tipo de información que se necesita, de la fuente de la que se obtiene dicha información y del uso dado a dicha información. Es posible que para distintos usuarios, una misma información determinada con un precio determinado, reporte distintas rentabilidades a los usuarios. Por tanto, será necesario que el usuario (persona física o jurídica) lleve un control analítico o de costes para poder determinar correctamente el precio de la información demandada, procedimiento que en algunos casos (personas jurídicas) puede llegar a ser engorroso y requiera de unos recursos materiales y humanos considerables (ejemplo: la contabilidad de costes de una empresa multinacional).

El soporte donde se encuentra la información

El soporte se define como aquel elemento tangible o intangible donde se aloja la información para su conservación.

Se puede establecer la siguiente clasificación:

- **Soporte físico:** aquel formado por elementos tangibles como el papel.
- **Electrónico o digital:** aquel que se caracteriza por estar formado por archivos electrónicos y que se encuentran alojados en un sistema de almacenamiento masivo y que necesita de la energía eléctrica para su funcionamiento, recuperación de la información y lectura.

En concreto, independientemente del soporte, la evaluación de esta variable se va a realizar en función de la comodidad y facilidad de utilización por parte del usuario del soporte donde se encuentra alojada la información demanda.

El libro es el ejemplo de soporte físico de información por excelencia, mientras que el CD y la tarjeta de memoria, son el soporte físico donde de forma digital se aloja la información. Presente y futuro del soporte de la información que conviven juntos en la actualidad.

Como variable cualitativa, se van a utilizar una serie de indicadores o parámetros que serán puntuados en función del cumplimiento o no de una serie de requisitos. Los indicadores o parámetros a evaluar son los siguientes:

- **Facilidad:**

  - Definición: es la facilidad general de uso del recurso por parte de los usuarios.
  - A evaluación: la facilidad de acceso a la fuente o a la información. Se requiere de una sola acción, varias acciones, desplazamientos, etc.
  - Procedimiento: un número elevado de acciones o desplazamientos es indicativo de una falta de usabilidad del recurso.
  - Puntuación: de 0 a 3 puntos.

- **Flexibilidad:**

  - Definición: es la posibilidad de que el usuario lleve a cabo una acción en diversas formas.
  - A evaluación: la existencia o no de realizar las mismas acciones de diversas formas.
  - Procedimiento: para los recursos tradicionales, esta variable no es evaluable. En el caso de recursos digitales, estos deberán asemejarse a programas informáticos donde el usuario deben usar funciones diversas.
  - Puntuación: de 0 a 3 puntos.

- **Claridad:**

  - Definición: en recursos digitales, es el contraste entre la figura y el fondo.
  - A evaluación: la buena relación entre texto y/o imágenes y fondo.
  - Procedimiento: en recursos tradicionales, si son excesivamente antiguos, es posible que el texto se encuentre deteriorado e imposible de definir. En recursos digitales, la combinación de colores entre el texto y el fondo. La mejor opción, letras negras sobre fondo blanco.
  - Puntuación: de 0 a 3 puntos.

- **Legibilidad:**

  - Definición: es la facilidad de lectura de la información textual.
  - A evaluación: la tipografía utilizada (tipo de letra y tamaño); el ajuste del texto al documento (ocupación de toda la pantalla u hoja); y la utilización de terminología específica (abuso de tecnicismos).
  - Procedimiento: las letras de tamaño muy reducido impiden la correcta lectura del texto. Determinada tipografía impide su entendimiento. El abuso de los tecnicismos hace que el texto sea para usuarios profesionales.
  - Puntuación: de o a 3 puntos.

- **Velocidad:**

  - Definición: tiempo de descarga del recurso digital.
  - A evaluación: solo para los recursos digitales. Velocidad de descarga de la información, tecnología utilizada, tamaño de las imágenes, etc., hacen que la descarga del recurso digital se haga en ocasiones muy lenta.
  - Procedimiento: dependiendo del ancho de banda, el acceso a la red, peso total del recurso digital y su alojamiento, se ha de considerar que una web es lenta cuando sobrepasa los 25 s para su carga (orientativo).
  - Puntuación: de 0 a 3 puntos.

Calidad de la información

Quizás, la calidad de la información, sea la variable más difícil de cuantificar y determinar un valor aproximado para realizar una correcta valoración. En concreto, la calidad de un recurso de información o fuente de información va a hacer referencia al contenido de dicha información o fuente. De esta manera, se simplifica de manera prudente la forma de determinar la calidad de un recurso o fuente, ya que calidad, como variable subjetiva al 100 %, dependiendo del usuario, va a responder a unas determinadas variables u otras. Si no se realizara de esta manera, resultaría casi imposible determinar la calidad de la información.

Al igual que con el soporte, la calidad de la información o fuente de información se va a analizar en función de la puntuación obtenida por los siguientes parámetros:

- **El tema, público y objetivos:**

  - Definición: coherencia entre el tema del recurso, público al que se dirige o tiene acceso al recurso o a la fuente, así como los objetivos que persigue y si tiene por finalidad cumplir dichos objetivos.
  - A evaluación: determinar si se puede deducir con facilidad, el tema, los objetivos y el público al que se dirige el recurso o fuente de información.
  - Procedimiento: examinar el título, los créditos, los menús, el índice, el prólogo, etc.
  - Puntuación: de 0 a 3 puntos.

- **La originalidad/oportunidad:**

  - Definición: es la originalidad y oportunidad de la información o fuente de información tratada.
  - A evaluación: la existencia de información original en la fuente o recurso utilizado, así como la oportunidad de su publicación.
  - Procedimiento: mediante la comparación con recursos o fuentes similares.
  - Puntuación: de 0 a 3 puntos.

- **La cantidad:**

  - Definición: es el volumen de información.
  - A evaluación: el contenido suficiente de información del recurso o fuente en relación al tema, objetivos y público al que en teoría se dirige.
  - Procedimiento: mediante la comparación con recursos o fuentes similares de información.
  - Puntuación: de 0 a 3 puntos.

- **El rigor:**

  - Definición: veracidad y fundamento de la información expuesta en el recurso o fuente de información.
  - A evaluación: la evidencia o indicios de que la información de los recursos o fuentes ha sido tratada de forma adecuada a su naturaleza y a los objetivos que persiguen tanto el recurso como la fuente.
  - Procedimiento: ver si se citan las fuentes de información complementaria, si se ofrecen tablas de datos, opiniones, referencias, etc.
  - Puntuación: de 0 a 3 puntos.

- **La edición:**

  - Definición: es el proceso que consiste en supervisar, corregir y mejorar la información expuesta en la documentación.
  - A evaluación: la existencia o no de una supervisión de los textos o recursos existentes mediante un control, revisión y corrección de los mismos
  - Procedimiento: mediante la comparación con recursos o fuentes similares de información.
  - Puntuación: de 0 a 3 puntos.

- **La actualización de la información:**

  - Definición: consiste en poner al día la información obtenida en los recursos o fuentes de información.

- A evaluación: la existencia o no de posibles actualizaciones de los recursos.
- Procedimiento: búsqueda de la última fecha de actualización, edición o creación.
- Puntuación: de 0 a 3 puntos.

Solo para los recursos o fuentes de información que ofrecen recursos digitales, podrán evaluarse los siguientes parámetros:

- **Los recursos multimedia disponibles:**

  - Definición: utilización de recursos multimedia o audiovisuales.
  - A evaluación: el tipo de recursos y la función dada en la información que se quiere transmitir.
  - Procedimiento: examen de los recursos existentes, su utilización, su ubicación en la fuente, etc.
  - Puntuación: de 0 a 3 puntos.

- **Los recursos interactivos:**

  - Definición: utilización de recursos interactivos.
  - A evaluación: los sitios donde se hace visible la interactuación del usuario con el recurso a parte de la actividad elemental del clic en los enlaces o links.
  - Procedimiento: examen de los recursos existentes, su utilización, su ubicación en la fuente, etc.
  - Puntuación: de 0 a 3 puntos.

Accesibilidad de la información

La accesibilidad es otra de las variables cualitativas a evaluar para determinar un correcto análisis comparativo de las fuentes y o documentos de información en consumo que el usuario puede demandar.

La accesibilidad de la información hace referencia a la facilidad de acceso de los usuarios a la información e incluso, a su facilidad de comprensión. La accesibilidad de la información en consumo, ya sea en formato tradicional o digital, será evaluada mediante una serie de parámetros:

- **Índices o sumarios:**

  - Definición: listado de los temas, conceptos, nombres propios, etc.
  - A evaluación: la existencia o no de índices o sumarios en los recursos tradicionales o digitales.
  - Procedimiento: examen de la existencia o no de los índices o sumarios mediante la comparación con otros recursos.
  - Puntuación: de 0 a 3 puntos.

- **Expresividad:**

  - Definición: capacidad de expresar con un número determinado y limitado de opciones los contenidos principales del recurso.
  - A evaluación: si los recursos poseen o no una serie de opciones, obteniendo a simple vista de la información demandada.
  - Procedimiento: examen de la existencia o no de los índices o sumarios así como de su morfología.
  - Puntuación: de 0 a 3 puntos.

- **Identificación:**

  - Definición: identificación de los elementos básicos de un recurso: título, autor, fuente y fecha.
  - A evaluación: los recursos contiene o no el título, autor o autores, fuente y fecha.
  - Procedimiento: comprobación de la existencia de los elementos básicos a lo largo del recurso.
  - Puntuación: de 0 a 3 puntos.

- **Recorrido secuencial:**

  - Definición: posibilidad de seguir el contenido del recurso mediante un recorrido aconsejado por el autor.

■ A evaluación: determinar la existencia de dicho recorrido aconsejado por el autor o autores.

■ Procedimiento: mediante la comparación con recursos o fuentes similares de información.

■ Puntuación: de 0 a 3 puntos.

 Actividades

6. De las distintas variables utilizadas para determinar la relación coste-rendimiento de los recursos y/o fuentes de información, indique cuáles son variables cuantitativas y cuáles son variables cualitativas.

4.2. Estimación coste-rendimiento

Siguiendo el método establecido de puntuación para los distintos parámetros de las variables cualitativas, la estimación coste rendimiento de las distintas fuentes de información y recursos utilizados por el usuario, se va realizar mediante el siguiente ratio:

$$\text{Puntuación total variables cualitativas} = \frac{\text{Total de puntos}}{\text{N}^{\circ}\text{ de Indicadores utilizados}}$$

Este ratio va a indicar al usuario un nivel de valoración del recurso o fuente de información analizada que se va a estructurar en los siguientes niveles:

Puntuación	Valoración
0	Muy Mal
1	Mal
2	Aceptable pero mejorable
3	Excelente

Las mejores puntuaciones que puedan recibir los recursos o fuentes de información se encontrarán entre 1,9 y 3 puntos, lo que indica que dichas fuentes o recursos son aceptables o excelentes y por tanto van a satisfacer las necesidades de los usuarios. Una puntuación de 1,5 indicará que si bien, el recurso o fuente puede ser utilizado, necesita una mejora o revisión de alguna de las variables analizadas. Por debajo de 1 punto, indica que es una mala o muy mala fuente o recurso de información, por lo que seguramente no cumplirá con las expectativas y necesidades de los usuarios que la consulten.

No obstante, la variable precio, que no forma parte de la puntuación obtenida, se tendrá en cuenta de forma complementaria con los datos obtenidos, por lo que ante dos recursos o fuentes de información que poseen una puntuación similar pero con precios distintos, los usuarios se decidirán definitivamente por aquella fuente o recurso que posea una elevada puntuación y un menor coste.

 Aplicación práctica

Actualmente se encuentra evaluando el impacto de la crisis económica mundial en el mercado de la automoción y para ello ha utilizado dos fuentes distintas de información sobre la compra-venta de automóviles en España para su informe:

I La memoria anual de la Asociación Española de Fabricantes de Automóviles y Camiones (ANFAC).
I Estadística de ventas de vehículos del Instituto Nacional de Estadística (INE).

Continúa en página siguiente >>

<< Viene de página anterior

A la hora de evaluar las dos fuentes de información, la memoria ha obtenido una ratio de 1,9 pero su obtención le ha supuesto un coste de 6 €, mientras que el informe ha obtenido una ratio de 1,5 y su coste ha sido 0 € ya que se lo ha descargado de la web del INE. Según un correcto análisis comparativo de ambas fuentes de información, ¿cuál cree que posee un mayor coste-rendimiento?

SOLUCIÓN

Si nos atenemos estrictamente a los datos obtenidos por las ratios y el coste de cada una de las fuentes de información, se puede determinar que el informe elaborado por el Instituto Nacional de Estadística es el documento que presenta una mayor rentabilidad (relación coste-rendimiento), ya que aunque la diferencia entre las ratios de ambos documentos no supera los 0,5 puntos, el coste superior de la memoria es lo que hace decantar la balanza por el informe del INE.

No obstante, también podría ser factible determinar que el documento con mayor rentabilidad sea la memoria de ANFC, ya que posee una puntuación cercana a 2 (aceptable) y su coste es muy asequible (6 €), por lo que el precio, no resulta ser una variable muy determinante.

---

5. Buscadores de información *online*

Internet se ha convertido en una de las principales fuentes de información independientemente de la temática de esta. Es una de las fuentes más utilizadas debido a su gran facilidad de uso, extensión y alcance, ya que en ella es posible encontrar todo tipo de información de manera rápida, cómoda y de procedencia completamente distinta y todo ello, gracias al uso que los usuarios de internet utilizan del intercambio de información.

Este intercambio de información se lleva a cabo de muy diversa forma mediante:

- La *world wide web* (página o sitio web).
- El uso del *e-mail* o correo electrónico.
- Las redes sociales.
- Los grupos y foros de discusión.

- Las famosas wikis, espacios webs creados, modificados y mantenidos por todos los usuarios de manera abierta y en colaboración (ejemplo: Wikipedia).
- Los blogs o webblogs.
- Etc.

Todas estas herramientas de comunicación entre los usuarios, han provocado un increíble aumento del tráfico de información, así como de su cantidad, lo que ha dado lugar a que de entre toda esa cantidad ingente de información, sea necesario una serie de herramientas o procedimientos que ayuden al usuario, a encontrar la información demanda y con los requisitos y características exigidos por él; estas herramientas son los llamados buscadores de información *online.*

En concreto en materia de consumo, según una encuesta realizada por la OCU (Organización de consumidores y usuarios) para los españoles, Internet y los medios de comunicación como televisión y radio, son los medios prevalentes de búsqueda de información con un 84 % de la población, siendo curioso el dato de que para los mismos encuestados, son los poderes públicos, sindicatos y las mismas empresas, las fuentes de información menos fiables para los consumidores.

 Actividades

7. Webs, Wikis y Blogs son fuentes de información en Internet. A través de la búsqueda en Internet, enumere las distintas semejanzas y diferencias existentes entre todas ellas.

5.1. Bases de datos

Una base de datos se puede definir como un conjunto o colección enorme de información organizada de una determinada manera y cuyo objetivo es ser usada con posterioridad por los usuarios para la obtención de determinado tipo de información o documentación.

En la actualidad, la inmensa mayoría de las bases de datos se encuentran en formato digital (electrónico), siendo su funcionamiento el mismo que el de las tradicionales, a excepción de que la búsqueda de información se realiza mediante el uso de programas de gestión de estas bases de datos o sistemas gestores de bases de datos (SGBD), los cuales permiten almacenar y con posterioridad acceder a los datos de manera rápida y estructurada.

Estas bases de datos en formato digital pueden contener información documental, imágenes, archivos multimedia, videos, sonido, etc., teniendo como gran ventaja la gran capacidad de almacenamiento que posee los modernos sistemas de alojamiento de estas bases de datos.

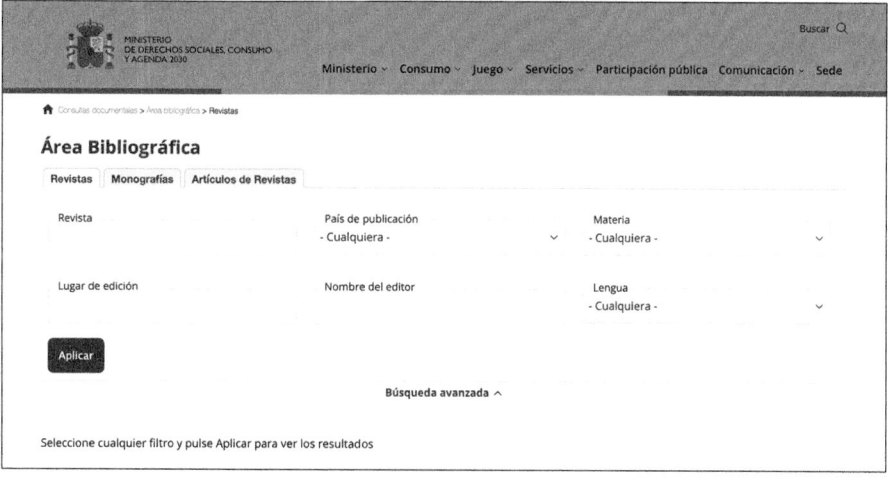

Página de búsquedas documentales avanzadas en la base de datos del CIDOC (Centro de Información y Documentación del Consumo) que se puede encontrar en las diferentes áreas de consumo disponibles en la web.

En materia de consumo, una de las bases de datos más importantes en España es el CIDOC (Centro de Información y Documentación del Consumo) que se encarga de elaborar y difundir información en consumo a los consumidores y a las organizaciones y administraciones que se ocupan de la defensa de los derechos de los consumidores. Todo usuario puede acceder a la información a través de las distintas bases de datos que posee este organismo ya sea en materia jurídica o de carácter bibliográfico.

En general, todos los sistemas de recuperación de la información de una base de datos permiten realizar distintas modalidades de búsqueda de la información solicitada, a saber:

- **Mediante una búsqueda directa:** en este tipo de búsqueda, se teclea directamente la palabra o palabras deseadas en el espacio reservado para ello, obteniendo el usuario el resultado de su búsqueda en función de la palabra o palabras introducidas previamente.
- **Mediante la búsqueda de índices:** en este caso, el usuario deberá seleccionar las entradas deseadas de un listado, diccionario o índice alfabético que es visualizado previamente. De la selección de dichas entradas dependerán los resultados obtenidos.
- **Mediante una búsqueda jerarquizada:** siempre y cuando la base de datos a utilizar se encuentre jerarquizada, el usuario a partir de un determinado concepto, puede localizar la información deseada que contiene dicho concepto sino además, toda aquella información que figure con algún concepto más específico de su campo semántico.
- **Mediante la búsqueda a través de códigos numéricos o alfanuméricos:** en este caso se utiliza un número o una combinación de números para la clasificación de la información y/o documentación o una combinación de letras y números como por ejemplo una matrícula o un número de bastidor de coche; ambos son códigos alfanuméricos que identifican un vehículo de forma única.

En el caso de que el usuario requiera realizar una búsqueda algo más compleja en una base de datos, los sistemas de recuperación de la información podrán contar con determinadas herramientas que permiten construir estrategias de búsqueda, es lo que se denomina operadores lógicos, los cuales van a permitir la combinación de varios elementos en una misma búsqueda mediante las operaciones básicas de conjuntos o álgebra de Boole. Estas operaciones de búsqueda compleja se pueden resumir en:

- **Suma o unión (A or B, A o B).** En este caso se seleccionan los registros de la bases de datos que contienen A o B o ambos a la vez.

- **Resta o negación (A and not B, A no B).** En este caso se seleccionan solo los registros de la base de datos que contienen solo A sin estar B.
- **Intersección (A and B, A y B).** En este caso se seleccionan los registros de la base de datos en los que aparece de manera simultánea A y B.

Existen otros operadores que permiten la búsqueda completa de información en la base de datos como son el truncado, el cual mediante la utilización de determinados signos o símbolos (*, ¿ o $) permiten la búsqueda de información de todas aquella palabras que comparten la misma raíz. Por ejemplo "Public*" va a recuperar todas aquellos documentos o información en los que figuren las palabras público, públicas, publicidad, etc.

Por último, dependiendo de las bases de datos que se consulten, van a permitir realizar una serie de operaciones de consulta como son:

- La visualización en pantalla de la información buscada en determinados formatos.
- La ordenación de las referencias de información encontradas en función de determinadas preferencias.
- La selección de la referencias seleccionadas que son de interés para el usuario.
- Envío de las referencias o información seleccionada por el usuario al dispositivo elegido por este, ya sea una impresora, soporte externo de memoria, correo electrónico, etc.
- La visualización del historial de búsquedas.

 ## Actividades

8. ¿Cuál es la diferencia básica existente entre una búsqueda jerarquizada y una búsqueda Booleana?

5.2. Directorios y bibliotecas virtuales

Desde que los individuos han necesitado ordenar y organizar su información y conocimiento, han existido directorios y bibliotecas como centros de información en sus distintos niveles. Con el auge de las nuevas tecnologías de la información (TIC), directorios y bibliotecas han dado el salto al especio virtual, haciendo más sencilla la recopilación, organización y recuperación de la información demandada.

Directorios

La *American Library Association* define directorio como "lista de personas u organizaciones ordenada sistemáticamente, por regla general alfabéticamente o por clases, figurando la dirección, filiación, etc., para las personas y la dirección, altos cargos, funciones y datos similares para las organizaciones". Se trata por tanto de una guía en la que los usuarios van a poder localizar a personas, organismos, instituciones, etc., donde poder obtener la información deseada.

Por norma, los directorios no ofrecen a los usuarios la información que demandan, pero sí van a poder encontrar aquellos lugares donde poder encontrarla. Los directorios o como también son conocidos, Guías comerciales, pueden ser de dos tipos:

- Académicos
- Profesionales o comerciales (son los más usados)

En materia de consumo y a nivel nacional, el área de Consumo del Ministerio, a través de su página web, posee un directorio donde es posible encontrar las distintas Direcciones Generales de Consumo de España, Juntas Arbitrales de Consumo, Asociaciones de Consumidores y Usuarios y las Oficinas Municipales de Información (OMIC) a nivel nacional.

Directorio de servicios ofrecidos por el Ministerio de Derechos Sociales, Consumo y Agenda 2023 dentro de la sección de Consumo

También es posible encontrar con facilidad, distintas páginas webs de organismos, asociaciones, cámaras de comercio, etc., donde es posible encontrar directorios formados por listados de:

- Proyectos de consumo colaborativo.
- Listados de empresas importadoras y exportadoras.
- Supermercados, hipermercados, mercados de abastos.
- Etc.

En resumen, es posible encontrar el lugar donde buscar la información demandada con relativa facilidad, solo es cuestión de buscarla adecuadamente mediante las herramientas o procedimientos adecuados.

Bibliotecas virtuales

Las bibliotecas virtuales o digitales son aquellas en las que los contenidos se encuentran en un soporte electrónico o digital y su acceso a ellas se realiza mediante las redes telemáticas, es decir, a través de Internet. Este tipo de bibliotecas que son implementadas básicamente por instituciones culturales u organismos públicos o privados, tienen por objetivo básico el hacer accesible a los usuarios los fondos documentales de dichas instituciones u organizaciones.

Este tipo de bibliotecas ofrecen una amplia gama de documentación tanto impresa como videos, sonidos, imágenes, reproducciones en 3D, mapas, etc. Su objetivo no es duplicar la realidad impresa, ya que esta existe en las bibliotecas tradicionales, sino ofrecer una nueva forma de estructurar y presentar la documentación e información.

Según la *Association of Research Libraries* (ARL), existen una serie de elementos comunes en las bibliotecas virtuales o digitales:

- Requieren de determinados medios tecnológicos para enlazar los recursos y que las distintas bibliotecas existentes alrededor del mundo se encuentren interconectadas de una manera transparente para los usuarios.
- No deben limitarse a suplir documentos existentes en las bibliotecas tradicionales, sino que deben ofrecer la información en otro tipo de formato distinto del impreso por sus propias peculiaridades intrínsecas.
- La coexistencia en las bibliotecas de la información en distintos formatos, en distintas versiones y en lugares físicos distintos, pudiendo ser accesibles para un número elevado y diverso de usuarios.

La existencia de este tipo de bibliotecas hace necesario un sistema que haga de la recuperación de la información un proceso sencillo, y natural por lo que, estos sistemas deben tener:

- Flexibilidad
- Precisión
- Rapidez
- Facilidad
- Automatización

Ejemplos de bibliotecas virtuales es posible encontrar en cada una de las Universidades públicas o privadas de España, así como en organismos autónomos como la Biblioteca Nacional de España *(www.bne.es),* la Biblioteca

Nacional de Madrid, bibliotecas universitarias en colaboración con otras instituciones europeas o la Europeana, la Biblioteca digital de la Unión Europea *(https://www.europeana.eu/es),* etc.

5.3. Motores de búsqueda

Para la inmensa mayoría de los usuarios que demandan información a través de Internet, los motores de búsqueda son el punto de partida para encontrar la información que necesitan. Estos motores de búsqueda son conocidos por "buscadores". El funcionamiento de estos buscadores para el usuario es muy sencillo, basta con insertar una serie de palabras en un formulario para que el motor de búsqueda emita como resultado, un listado de sitios donde es posible encontrar las palabras solicitadas en dicho formulario.

El listado y el orden del listado van a depender de la importancia que el buscador haya otorgado a los sitios donde es posible encontrar las palabras establecidas en el formulario de búsqueda. Ese "ranking" de sitios es primordial, y el éxito del buscador va a depender de la elaboración de ese ranking.

Para valorar la calidad de un buscador o motor de búsqueda se deben tener en cuenta los siguientes aspectos:

- La exhaustividad es el número de documentos que es capaz de almacenar en su base de datos.
- La periodicidad con la que actualiza su base de datos, es decir, para revisar las nuevas webs, las webs que han desaparecido o aquellas que se han actualizado.
- En relación al lenguaje de consulta que se utiliza, su calidad, flexibilidad y facilidad de uso.
- La accesibilidad y usabilidad de la interfaz de consulta del buscador.
- La velocidad de respuesta dada a la consulta.

La principal ventaja de todo buscador es la rapidez de respuesta dada al usuario sobre las palabras requeridas en el formulario de consulta. No obstante, poseen una gran desventaja, el denominado "ruido". En la gran mayoría de las ocasiones, si el usuario no domina el lenguaje de búsqueda, el buscador puede dar como resultado una gran cantidad de enlaces a sitios webs donde se pueden encontrar las palabras a buscar, pero que no va a reportar beneficios al usuario, ya que en su mayoría no van a ser de su interés. También es posible que suceda todo lo contrario, que no aparezca ningún enlace obteniendo así un "silencio" que no va a reportar beneficio alguno para el usuario.

Para evitar estos problemas, todo buscador posee su propio lenguaje, permitiendo de esta forma acotar la búsqueda y obtener mejores resultados. Para ello, se puede realizar mediante:

- La búsqueda de todas las palabras utilizadas en el formulario.
- La búsqueda de algunas de las palabras utilizadas.
- La búsqueda de la frase exacta.
- La búsqueda booleana, mediante la utilización de operadores lógicos. Si el usuario quisiera buscar información sobre el precio del pescado o de la carne, podría utilizar la siguiente sintaxis mediante la búsqueda booleana: (Pescado OR carne) AND (Precio OR Coste).

En el siguiente cuadro se muestran los distintos comandos o instrucciones que permiten la búsqueda más efectiva en los buscadores más utilizados.

Comando o instrucción	Función que realiza
Or	Cuando es utilizado entre dos palabras el resultado obtenido contiene páginas con algunas de las dos palabras.
And	Si se coloca entre dos palabras obtiene como resultado páginas donde aparecen ambas palabras.
Not	Comando utilizado para excluir algún término o palabra.
Near	Utilizado para localizar dos términos que se encuentran entre cierta cantidad de palabras.
T	La búsqueda se realiza solo en el título de los artículos.
U	La búsqueda se realiza solo en las URL de los documentos.

Continúa en página siguiente >>

<< Viene de página anterior

Comando o instrucción	Función que realiza
Comillas (" ")	Obtienen como resultado información sobre la palabra o frase entrecomillada.
Asterisco (*)	Se obtiene como resultado todo lo que tenga relación con la palabra a su izquierda o derecha, según se coloque el asterisco.
Sintaxis:	Ejemplo: Elecciones+España, encontrará todo lo relacionado con las elecciones en España.
Any:	Devuelve cualquier página que contenga el término que buscamos.
Title:	Busca el término deseado en los títulos de las paginas webs
Host:	Utilizado para buscar páginas webs.
URL:	Para cuando se buscan palabras en las direcciones de las páginas webs o direcciones URL.
Link:	Para saber qué páginas tienen enlace con nuestras páginas web.

Actualmente algunos de los buscadores más utilizados son:

- Google (https://www.google.com/)
- Baidu (https://www.baidu.com/)
- Yahoo! (https://www.yahoo.com/)
- Lycos (https://www.lycos.com/)
- AOL (https://search.aol.com/)
- Bing (https://www.bing.com/)
- ASK (https://www.ask.com/)

Aplicación práctica

Necesita encontrar información en Internet acerca del consumo de bebidas alcohólicas de la población de su comunidad. Para ello utiliza el buscador Google. Mediante búsqueda booleana, ¿cómo introduciría las palabras y comandos necesarios para encontrar la información que necesita?

SOLUCIÓN

Con el comando comillas: "consumo bebidas alcohólicas (comunidad autónoma del alumno)".

Con el comando asterisco: consumo bebidas alcohólicas*

Con el comando sintaxis (+): consumo bebidas alcohólicas+(comunidad autónoma del alumno).

Con el comando y: consumo bebidas alcohólicas y (comunidad autónoma del alumno).

5.4. Metabuscadores

Los metabuscadores son básicamente buscadores que realizan sus búsquedas en otros buscadores obteniendo sus propios resultados. Permiten buscar en varios buscadores a la vez y tienen como característica, el no poseer una base de datos propia, sino que contienen los registros de los demás buscadores y la información sobre ellos.

Cuando un usuario realiza una búsqueda en un metabuscador, este utiliza los buscadores y sus bases de datos para obtener su propio resultado, depurando los enlaces obtenidos en la búsqueda y remitiendo al usuario solo los resultados no repetidos y ordenados, es lo que se denomina proceso de filtrado. El metabuscador entiende que cuantos más enlaces repetidos encuentre en los buscadores, más importante será ese enlace, por lo que ocupará una posición elevada respecto del resto.

Es una herramienta muy potente pero por lo general no permiten la búsqueda avanzada como los buscadores, siendo por tanto las búsquedas, algo más generales y con una menor profundidad.

Los metabuscadores son programas que se encuentran funcionando en una web (MetaCrawler o StartPage) o en el propio ordenador del usuario (Copernic) permitiendo hacer la búsqueda en varios buscadores a la vez. Uno de los más famosos metabuscadores es MetaCrawler, capaz de buscar a la vez en Google, Bing y Yahoo, entre otros.

Ejemplos de metabuscadores

6. Resumen

Si la información es vital para el conocimiento, las herramientas y procedimientos para la obtención de dicha información no son menos importantes. Con el auge de la nuevas tecnologías de información y comunicación (TIC) la información tanto en consumo como en cualquier materia, se multiplica de manera exponencial en muy poco tiempo, por lo que la utilización de herramientas y procedimientos para la obtención de dicha información y su filtrado es de máxima importancia.

Además, el hecho de que la información y sus fuentes sean de calidad para los usuarios, hace que se determinen una serie de criterios a tener en cuenta tales como su autoría, filiación, propósito, audiencia o legibilidad entre otras, que garanticen que la información obtenida sea catalogada como de calidad y cumplan con los requisitos de sus demandantes.

Sin duda, si la calidad es una premisa para la información, su coste y rentabilidad es vital para las empresas, organismos e instituciones, que hace de determinada información básica ya no solo para los procesos productivos sino, para la toma de decisiones importantes que pueden afectar a un elevado número de individuos o incluso a la economía de un país. Por ello, la valoración de la información a través de unas variables cuantitativas y cualitativas se hace necesaria para la obtención de esa relación coste-rendimiento indispensable para la consunción de los fines individuales o colectivos de las personas u organizaciones e instituciones.

Por último, la red de redes y su ingente cantidad de información y documentación que genera diariamente, ha hecho necesario de una serie de herramientas para su búsqueda por parte de los usuarios; bases de datos, directorios y bibliotecas virtuales, buscadores o metabuscadores, se han convertido en la actualidad en las herramientas básicas de todo usuario que demande y busque información en Internet, independientemente de la materia de la que se trate.

Ejercicios de repaso y autoevaluación

1. Según los tipos o herramientas de búsqueda de información, las encuestas y el estudio de documentos pertenecen a:

_____

_____

2. Sopa de letras. Busque seis diferentes tipos de procedimientos o herramientas de búsqueda de la información en consumo.

O	B	S	E	R	V	A	C	I	O	N
A	H	Q	F	A	U	M	E	L	L	O
T	P	E	U	T	K	A	N	L	J	I
W	E	N	C	U	E	S	T	A	S	C
P	R	O	H	N	N	E	R	S	A	A
O	I	B	I	I	O	R	O	U	M	L
B	O	L	E	T	I	N	B	N	L	S
S	D	E	N	W	E	T	I	E	E	I
I	I	B	T	E	S	P	B	M	T	G
M	C	A	O	N	S	U	L	U	N	E
A	O	L	N	A	A	S	U	N	I	L

3. ¿Qué significa que un recurso o fuente de información sea de calidad? Explíquelo brevemente.

_____

_____

_____

_____

_____

_____

_____

4. Complete el siguiente texto.

La legibilidad de determinada _____ va a depender en gran medida no de la _____ de lectura del usuario sino de la _____ de este, de _____ determinado tipo de información que se encuentra especialmente _____ o formada por _____.

5. Las distintas variables a tener en cuenta para la valoración de la información son:

    a. El precio y la calidad de la información.
    b. El precio, la accesibilidad de la información y la legibilidad.
    c. La objetividad, la audiencia y la calidad de la información.
    d. La calidad de la información, el precio, el soporte y la accesibilidad de la información.

6. El parámetro "Claridad" pertenece a la variable...

    a. ... precio.
    b. ... soporte.
    c. ... calidad.
    d. ... accesibilidad.

7. **Una desventaja de las fuentes de información gubernamental es que...**

    a. ... en ocasiones la información no es suficiente.
    b. ... la información puede estar contaminada o sesgada.
    c. ... requiere de un gran número de personal cualificado para su elaboración.
    d. Todas las opciones son incorrectas.

8. **¿Qué es la filiación de una fuente o recurso de información? Explíquelo brevemente.**

_____
_____
_____
_____
_____
_____

9. **Señale si las siguientes afirmaciones son verdaderas o falsas.**

    a. El precio es una variable cuantitativa de la información por lo que su valor va a ser difícil de determinar.

        ☐ Verdadero
        ☐ Falso

    b. No se puede afirmar con rotundidad que exista un tipo de herramienta o procedimiento de obtener información cuyo coste sea el más adecuado ya que ello va a depender de un gran número de variables.

        ☐ Verdadero
        ☐ Falso

    c. La edición, la actualización de la información, la cantidad y los recursos multimedia disponibles entre otros, son parámetros a evaluar de la calidad de la información.

        ☐ Verdadero
        ☐ Falso

10. Complete el siguiente texto.

La _____ de la información hace referencia a la facilidad de _____ de los _____ a la información e incluso, a su _____ de _____.

11. Indique los distintos tipos de sistemas de recuperación de la información en una base de datos.

_____

_____

_____

_____

_____

_____

_____

12. Marque la opción correcta. El comando o instrucción Not se utiliza...

a. ... para obtener como resultado páginas donde aparecen los términos que acompañan al comando.

b. ... para saber qué páginas tienen enlace con nuestra página.

c. ... para excluir algún término o palabra.

d. ... para devolver cualquier página que contenga el término que buscamos.

13. La existencia de bibliotecas virtuales requiere de un sistema de recuperación de la información que debe tener...

a. ... flexibilidad, precisión y automatización.

b. ... determinados medios tecnológicos para enlazar los recursos.

c. ... rapidez y facilidad.

d. Las opciones a y c son correctas.

14. ¿Qué diferencia existe entre los directorios y las bibliotecas virtuales? Explíquelo brevemente.

_____
_____
_____
_____
_____
_____
_____

15. Uno de los metabuscadores más famosos es:

    a. Google.
    b. MetaCrawler.
    c. Baidu.
    d. Yahoo.

Capítulo 3

Técnicas de catalogación y archivo de información y documentación aplicadas a los sistemas de información en consumo

Contenido

1. Introducción

Actualmente, una ingente cantidad de información de diversas materias se origina diariamente en multitud de fuentes de información. Esto ha provocado la necesidad de adoptar un lenguaje específico, de un lenguaje documental, para poder captar, registrar, actualizar, modificar y consultar la información demandada, independientemente de la fuente o el soporte de la información.

La aparición de las tecnologías de la información y comunicación (TIC), han dado lugar a la coexistencia de nuevos soportes de la información con los tradicionales, lo que hace si cabe aún más complicada, la tarea de documentación y archivo de la información.

Junto al lenguaje documental, la codificación y clasificación de los distintos documentos en los que se conserva la información, son fundamentales para una posterior consulta u obtención del documento demandado por el usuario. Todo ello ha dado lugar a la aparición de diversas normativas y aspectos legales que hacen del trabajo documental una tarea ardua y laboriosa que no puede ser realizada sin la utilización de un sistema de registro de la información y documentación como elemento básico de toda catalogación y archivo de la información y documentación.

2. Determinación de contenidos y tipo de documentos a archivar: casuística de la información en consumo

El aumento exponencial de la producción de información y documentación, ha dado lugar a la necesidad de adoptar una serie de sistemas y técnicas necesarias para el tratamiento de dicha información. Para ello surgen los llamados lenguajes documentales, consiguiendo que el emisor de información y receptor de la información, lleguen a entenderse en un entorno donde cada vez existe más información y una mayor dificultad para encontrar la información deseada; a esta situación se la denomina "ruido".

Un definición válida de lenguaje documental es la que da Blanca Gil Urdiciaín (1996), "lenguaje documental es todo sistema artificial de signos normalizados, que facilitan la representación formalizada del contenido de los documentos para permitir la recuperación, manual o automática, de la información solicitada por los usuarios". Es decir, el lenguaje documental es aquel conocido por los usuarios y que sirve para poder encontrar la información deseada por estos.

Por tanto, el objetivo fundamental que persigue todo lenguaje documental, es el de facilitar en todo lo posible al usuario, la recuperación de la información y/o documentos reduciendo al mínimo el esfuerzo empleado por este en su tarea de búsqueda.

 Sabía que...

La indización es el proceso por el cual se describe o representa el contenido temático de un recurso de información.

Todo lenguaje documental cumple una serie de funciones:

- Una función de normalización, en relación al proceso de unificación de la terminología empleada.
- La existencia de todas las opciones necesarias para recuperar la información deseada por los usuarios.

 Actividades

1. Argumente de manera razonada, la importancia que poseen en la actualidad los lenguajes documentales.

2.1. Tipos de lenguajes documentales

Actualmente existen distintos tipos de lenguajes documentales. Los más extendidos son aquellos que se basan en un control sobre el vocabulario utilizado, la coordinación de los términos de dicho vocabulario y la estructura que utilizan.

 Recuerde

El lenguaje documental tiene como misión principal, la de facilitar la labor de recuperación de la información deseada por el usuario.

Los lenguajes documentales se pueden clasificar en:

- **Lenguajes libres:** este tipo de lenguajes no se puede afirmar que sea propiamente lenguaje documental, ya que son libres y no se encuentran predefinidos, es decir, a medida que se realizan los procesos de indización, se va generando el lenguaje. De este tipo de lenguajes son las listas de descriptores libres y las listas de palabras claves (Uniterm, índices permutados, etc.).
- **Lenguajes controlados:** son los que por definición son llamados lenguajes documentales, como por ejemplo los tesauros, listas de encabezamiento de materia o las clasificaciones. A diferencia de los lenguajes libres, presentan un vocabulario elaborado previamente, admitiendo un número limitado de modificaciones siempre, en el momento de su utilización.
- **Lenguajes precoordinados:** son aquellos lenguajes cuyos términos son combinados en el momento de la descripción. Un ejemplo claro de este tipo de lenguajes son las clasificaciones y las listas de encabezamientos de materia.
- **Lenguajes postcoordinados:** son aquellos lenguajes cuyos términos son combinados en el momento de la recuperación de la información.

Como ejemplo típico de lenguaje postcoordinado encontramos a los tesauros.

Si se combinan las características de los cuatro tipos de lenguajes anteriores, se puede establecer otra clasificación, a saber:

- **Lenguajes libres y precoordinados:** como por ejemplo el sistema Precis.
- **Lenguajes controlados y precoordinados:** como por ejemplo las clasificaciones y las listas de encabezamiento de materia.
- **Lenguajes libres y postcoordinados:** como por ejemplo las listas de descriptores libres y las listas de palabras clave.
- **Lenguajes controlados y postcoordinados:** como por ejemplo los tesauros.

 Sabía que...

El sistema Precis es un tipo de lenguaje documental de estructura sintáctica, es decir, necesita de un conjunto de descriptores y una sintaxis muy definida para la obtención de la información y/o documentación deseada. Este sistema se utilizó hasta mediados de los años 90 y actualmente se encuentra en desuso debido a su complejidad.

Otra clasificación válida de los lenguajes documentales es la basada en función de su estructura, pudiendo ser:

- **Lenguajes de estructura jerárquica:** en los cuales los conceptos se clasifican en clases o categorías.
- **Lenguajes de estructura asociativa:** en los cuales, se permite la libre combinación entre los términos que los componen dependiendo siempre de las necesidades de indización.
- **Lenguajes sintácticos:** son aquellos que mediante una sintaxis se representan y se relacionan los contenidos de los documentos a consultar.

 **Actividades**

2. De los distintos tipos de lenguajes documentales, indique a cuál de ellos pertenecen los tesauros, las listas de palabras clave, los índices permutados y las clasificaciones.

2.2. Encabezamientos de materia

En la clasificación de los lenguajes documentales, las listas de encabezamiento de materia (LEM) forman parte de los lenguajes controlados precoordinados, los cuales se encuentran formados por un conjunto heterogéneo de términos que pertenecen al lenguaje natural.

Un encabezamiento de materia no es más que una palabra o conjunto de palabras que representan el contenido temático de un documento y que se utilizan para la búsqueda de documentación y/o información por parte del usuario en catálogos, bibliografías o índices. Aunque en la teoría es un lenguaje documental práctico, normalmente se suelen utilizar los tesauros para la búsqueda de información y/o documentación.

Los principios básicos de la indización mediante una lista de encabezamiento de materia son:

- **Especificidad:** mediante la selección del término más específico que represente una determinada noción.
- **Univocidad:** aglutinando bajo un solo encabezamiento, todos los documentos que traten sobre la misma materia o tema.
- **Adecuación del uso lingüístico:** mediante la representación de la lista de encabezamiento de los términos del lenguaje natural.

Los encabezamientos de materia se pueden distinguir según su contenido, estructura y posición en la estructura del propio encabezamiento de materia.

Según su contenido, los encabezamientos de materia se pueden clasificar en:

- Encabezamiento temático y de forma en la que se representa un concepto u objeto del que trata el documento en cuestión.
- Encabezamiento de nombre personal, de entidad y títulos.
- Encabezamientos geográficos.

Según la estructura del encabezamiento, pueden ser:

- Encabezamientos simples o de un solo término, como por ejemplo Filosofía, Comercio, *Marketing,* etc.
- Encabezamientos formados por un sustantivo seguido de un adjetivo como por ejemplo "Comercio tradicional".
- Encabezamientos formados por dos sustantivos unidos por una conjunción como por ejemplo "Economía y familias".
- Encabezamientos formados por más de un sustantivo unido por una preposición como por ejemplo "libre de impuestos".
- Encabezamientos invertidos como por ejemplo "Impuestos, Pequeño comercio".
- Encabezamientos seguidos de paréntesis cuya finalidad es distinguir los términos equivalentes, precisar el contexto donde se utiliza dicho término o indicar alguna localización geográfica, como por ejemplo "Comercio (España)".
- Encabezamientos compuestos por un encabezamiento y un subencabezamiento como por ejemplo "Comercio-Servicios postventa".

Según su posición en la estructura del encabezamiento, se distingue entre:

- **Encabezamiento:** es el elemento principal que representa el contenido de un documento.
- **Subencabezamiento:** acompañando de manera subordinada a un encabezamiento principal.

Tesauros y descriptores

Los tesauros, según la norma UNE-ISO 25964-1:2014, Información y documentación. Tesauros e interoperabilidad con otros vocabularios. Parte 1: Tesauros para la recuperación de la información, se pueden definir como: "instrumentos de control terminológico, permitiendo conocer todos los términos relacionados con un concepto determinado, lo que ayuda a añadir más términos adecuados para enriquecer tanto los análisis de contenidos de los documentos como las estrategias para recuperar información".

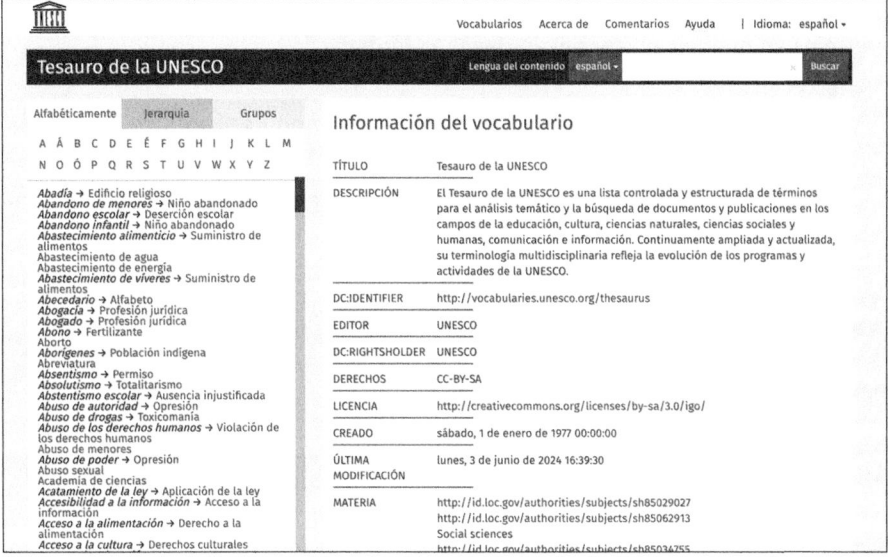

Mediante los tesauros se pueden localizar los documentos deseados por los usuarios. Tesauro perteneciente a la UNESCO.

En general, los tesauros son lenguajes de indización y recuperación controlada, basados en la postcoordinacion de sus términos descriptores, los cuales pertenecen al lenguaje natural. Todo tesauro se compone de:

- **Descriptores:** son las palabras o las expresiones escogidas del lenguaje natural, ya que tienen como función representar la noción contenida en un documento o la fórmula necesaria para la búsqueda de dicho documento.

■ **No descriptores:** son sinónimos o cuasi-sinónimos de los descriptores. Son puntos de enlace entre el lenguaje natural y el lenguaje controlado.

Entre los descriptores, se pueden establecer una serie de relaciones:

■ Relaciones asociativas.
■ Relaciones jerárquicas.
■ Relaciones de equivalencia.
■ Relaciones aclaratorias.

Todos los términos que componen un tesauro y las relaciones de sus descriptores se pueden presentar de diversas formas:

■ **Alfabéticamente:** conteniendo descriptores y no descriptores ordenados de forma alfabética.
■ **Sistemáticamente:** los descriptores se presentarán en función de una serie de categorías.
■ **Gráficamente:** mostrando las relaciones de los descriptores en forma de árbol, diagrama de flechas y terminogramas.

Palabras clave en consumo

Las palabras clave son aquellas palabras relacionadas con la palabra, contenido o materia de la que el usuario quiere obtener información y/o documentación. Por tanto, es muy importante que el usuario identifique previamente las palabras clave necesarias para realizar una correcta búsqueda de la información que demanda.

En materia de consumo, existen infinidad de palabras clave, atendiendo al contexto, materia, contenido, etc., de información y/o documentación que demanda el usuario relacionado con el consumo. Por ello, es de vital importancia que se conozca a la perfección el concepto de consumo, así como de los posibles sinónimos o cuasi-sinónimos de la palabra consumo para poder obtener las palabras clave adecuadas.

Consumo se define como la adquisición de bienes y/o servicios por parte de cualquier persona, sea esta física o jurídica. Así, podemos dividir las posibles palabras clave de consumo en dos grandes bloques, palabras clave generales y específicas.

Las palabras clave generales relacionadas con el consumo son aquellas que van a poder ofrecer información muy generalizada sobre el consumo. Estas palabras clave generales pueden ser bienes, servicios, economía, demanda, oferta, cantidad, precio, descuento, promoción, ventas, etc.

Las palabras clave específicas son aquellas que van a permitir al usuario obtener información relacionada con el consumo en el contexto o el ámbito especifico en el que queramos obtener la información. Por ejemplo, si el usuario está interesado en obtener información del consumo en el sector del pequeño comercio, puede utilizar palabras clave como comercio tradicional, establecimiento de conveniencia, centro comercial abierto, apoyo comercio tradicional, etc.

Recordar que estas palabras clave, ya sean generales o específicas van a ser los términos o descriptores utilizados por el lenguaje documental en cualquier búsqueda que se realice mediante un tesauro, lista de encabezamiento de materia, etc.

 Aplicación práctica

Como parte de su tarea investigadora, necesita encontrar información acerca de los hábitos de consumo que realizan las familias españolas en el periodo comprendido entre el 2020 al 2025. Para ello, elabore una lista de palabras clave generales y específicas a utilizar para la búsqueda de la información y/o documentación que necesita.

SOLUCIÓN

Palabras clave generales:

  ▍ Consumo
  ▍ Economía

Continúa en página siguiente >>

<< Viene de página anterior

I España
I Productos
I IPC
I INE

Palabras clave específicas:

I Hogares Españoles
I Consumo 2020 a 2025
I Centros de consumo
I Demanda interna
I Hábitos de consumo
I Cesta de la compra

---

3. Sistemas de registro de la información y documentación en consumo

En la actualidad y dada la cantidad ingente de información que se genera, procesa y se almacena debido al auge de las nuevas Tecnologías de la Información y Comunicación (TIC), se ha hecho indispensable la necesidad de sistemas que realicen determinados procesos con la información y documentación. En concreto, toda la información y documentación en materia de consumo crece de forma exponencial y no es ajena a la necesidad de ser tratada por uno de estos sistemas.

No existen empresas u organismos que no posean un sistema de información, ya sea este manual o informático, dependiendo evidentemente de los recursos de los que dispone dicha empresa u organismo. De hecho, la comprensión por parte de los integrantes de organizaciones y empresas de la necesidad de dicho sistema es fundamental, sobre todo para quienes desempeñan funciones de relevancia y de toma de decisiones.

3.1. Concepto y características

Es fundamental comprender que la información es y será la materia prima de toda actividad relacionada con la toma de decisiones y orientada a la consecución de unos objetivos, de su calidad, van a depender la adopción de buenas o malas actuaciones en materia de consumo y todo ello a pesar de que tanto empresas como organizaciones se encuentran saturadas de datos. Este problema es debido a que la inmensa mayoría de los individuos que trabajan a diario con el procesamiento de información confunden los conceptos de dato e información.

Un dato no es más que una representación de terminados hechos que se han producido, como pueden ser los datos numéricos generados por la venta de determinado bien o servicio o el porcentaje de consumo de determinados bienes y servicios. Por tanto, el dato tiene un valor escaso o prácticamente nulo, ya que va a necesitar de una determinada interpretación para que dicho dato, adquiera la capacidad de transmitir determinado significado al individuo.

Llegado a este punto, información es definida como el significado que un individuo asigna a un determinado dato o conjunto de datos, es por tanto un elemento que posee un valor añadido, posee significación y esta información será utilizada para la determinación de decisiones y consecución de objetivos.

Ingentes cantidades de información de diversa materia, son generadas, procesadas, transmitidas y almacenadas gracias al auge de las nuevas tecnologías de la Información y Comunicación (TIC).

Para determinar con exactitud el concepto de sistema de información, es necesario precisar con claridad el concepto de sistema, el cual se define como un conjunto de elementos que se encuentran interrelacionados de manera que se obtiene un determinado resultado distinto a una simple suma de elementos, es decir, se crea algo nuevo a partir de la interacción de varios elementos distintos.

Esquema básico de un modelo de sistema

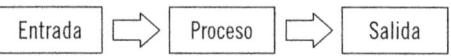

Todo sistema posee tres componentes:

- **Elementos:** partes que conforman el sistema y que pueden ser humanos o mecánicos, tangibles o intangibles, estáticos o dinámicos.
- **Relaciones:** son los lazos que unen a los elementos que conforman el sistema.
- **Objetivo:** es la razón de sí del sistema. Sin objetivo es imposible que haya sistema aunque existan los dos componentes anteriores.

Por tanto, todo sistema es una máquina de procesamiento mediante la introducción de unos inputs (datos), la realización de determinados procesos en los que intervienen los elementos del sistema y sus relaciones dando como resultado unos outputs (información) que van a tener como función principal la consecución del objetivo para el que se ha diseñado el sistema.

Todo sistema de documentación debe cumplir una serie de características, independientemente de si se encuentra mecanizado o es manual, en concreto:

- Toda información y/o documento procesado debe ser aprobado, firmado y fechado por la persona apropiada y que tiene autorización para ello, es imprescindible que ningún documento pueda ser cambiado sin autorización previa.
- El contenido de toda información y/o documentación a procesar no puede ser ambiguo; título, tipo y propósito de estos deben ser claros.

- Todo documento y/o información que el sistema procese debe ser legible, es decir, debe ser susceptible de ser entendida por los individuos.
- Todo sistema de información debe ser sencillo y quedar definidos con claridad todos los materiales, procesos tecnológicos, controles y actividades que se vayan a realizar durante el procesamiento de la información.
- Todo sistema de información debe ser seguro y evitar cualquier posible error.
- Todo sistema de información debe ser eficiente y eficaz.
- Toda información y documentación se debe encontrar cuándo y dónde se necesite.
- Todo sistema de información ha de ser capaz de soportar gran cantidad de información y/o documentación.
- Todo sistema de información ha de logar ventajas competitivas, ofrecer alternativas y comparaciones.

 Actividades

3. Una vez aprendido el concepto de sistema de información, argumente mediante adjetivos utilizados en sus características, la importancia para las organizaciones de un sistema de documentación.

3.2. Tipología. Reclamaciones u otra documentación

Todo sistema de información tiene como fin la consecución de un determinado objetivo, por tanto las distintas clases de sistemas de información van a surgir de las diferentes necesidades que los individuos deseen satisfacer.

La toma de decisiones en las organizaciones es uno de los objetivos fundamentales que persigue todo sistema de información.

Toda organización que requiera de un sistema de información, tendrá como objetivo la toma de decisiones de muy distinta índole, por lo que dicho sistema deberá estar en función de las distintas decisiones que puedan tomar los individuos que conforman la organización, pudiéndose estructurar en cuatro niveles:

- **Nivel operativo:** nivel más básico, formado básicamente por los procesos físicos de la producción y distribución.
- **Nivel de control operativo.**
- **Nivel de decisiones tácticas.**
- **Nivel de decisiones estratégicas:** nivel más alto en la toma de decisiones.

Todas estas decisiones podrán ser estructuradas, semiestructuradas o no estructuradas, a medida que vamos subiendo de nivel.

Atendiendo a la anterior clasificación, los sistemas de información se clasifican en:

- Sistemas de información transaccionales.
- Sistemas de información administrativos.
- Sistemas de información para la toma de decisiones.
- Sistemas de información estratégicos o sistemas para el nivel superior.

Sistemas de información transaccionales

La denominación de este tipo de sistemas de información viene determinada por la palabra transacción, como intercambio entre el usuario del sistema y el propio sistema, obteniendo de dicho intercambio un determinado resultado.

Gracias a los sistemas de información transaccionales, las tareas más rutinarias y tediosas como facturación, papeleo, etc., son realizadas en un menor tiempo y sin errores.

En este tipo de sistemas es necesario una captura y validación de los datos aportados por el propio usuario del sistema, la consulta y actualización de los mismos y una salida o respuesta del sistema ante una petición del usuario. Son por tanto sistemas destinados a satisfacer las necesidades operativas de las organizaciones aprovechando para ello, la gran capacidad de procesamiento y velocidad de los ordenadores. Estos sistemas van a realizar todas aquellas tareas más repetitivas, rutinarias y tediosas eliminando errores humanos, papeleo, trámites, etc.

Este tipo de sistemas es el más común en las organizaciones encontrándose en áreas como la contabilidad, facturación de inventarios, ventas, clientes, proveedores, etc. Otra variante de este tipo de sistemas son los llamados sistemas de mercados verticales, sistemas de información específicos para una determinada rama de actividad como por ejemplo la administración hospitalaria, educativa u hotelera, reserva de viajes, etc. Por tanto, siempre habrá un sistema de información transaccional acorde a las necesidades específicas de cada organización, ya que multitud de empresas y organizaciones se dedican a realizar los trabajos de programación de dichos sistemas de información.

Un sistema de información transaccional muy extendido en el mundo empresarial son los sistemas ERP. Este tipo de sistemas son un conjunto de programas que permiten a una organización automatizar de manera conjunta e integrar en una sola aplicación todos los procesos que se desarrollan en la misma, permitiendo compartir datos y producir y acceder a la información a cualquier usuario, independientemente de la parte de la organización de la que forme parte.

 Sabía que...

La sigla ERP proviene del inglés Enterprise Resource Planning (Planificación de los recursos de la empresa). Este tipo de sistemas han tenido un enorme auge desde la década de los años 90. NAVISION o SAP son algunas de las marcas más conocidas y con mayor prestigio.

Estos sistemas de información transaccional (ERP) poseen una serie de ventajas e inconvenientes a la hora de su implantación que las organizaciones no deben de minusvalorar. Entre la gran cantidad de ventajas podemos destacar:

- La eliminación de mucho esfuerzo, reduciendo así el tiempo de procesamiento de los datos.
- Los proveedores de estos sistemas constantemente se encuentran actualizando sus sistemas de información, permitiendo reducir esfuerzos y dinero a las organizaciones.
- Una gran cantidad de consultores y una red enorme de soporte por parte de los proveedores ante posibles problemas o necesidades.
- Al estar estructurados en módulos, las organizaciones pueden ajustar estos sistemas a sus necesidades y capacidad empresarial.

Entre las desventajas, se pueden destacar las siguientes:

- Requieren una compleja personalización del *software* que controla el sistema de información.
- Se genera una gran dependencia de la organización con el proveedor del sistema.
- Requiere en ciertos aspectos adaptar los procesos de la organización al sistema de información.
- Requieren una fuerte inversión inicial para su implantación en la organización.

Principales marcas de sistemas de gestión de la información transaccionales o ERP.

En conclusión, los sistemas de información transaccional son capaces con muy pocos recursos humanos, realizar el procesamiento de ingentes cantidades de datos, realizando las tareas más repetitivas y tediosas, reduciendo al máximo los posibles errores humanos; capaces de interconectar las distintas secciones de las que se compone una organización, pudiendo los usuarios acceder a la información y a los datos deseados, independientemente de su ubicación en la empresa. Son por tanto una gran herramienta para el procesamiento de la información, aunque unos de sus grandes inconvenientes sean su elevado coste y la gran dependencia con el proveedor que generan.

 Actividades

4. Argumente de forma razonable por qué la utilización de un sistema ERP de una empresa reconocida en el mercado a nivel mundial, puede ser un inconveniente para la organización.

Sistemas de información administrativos

Los sistemas de información administrativos (SIA) son aquellos que respaldan la toma de decisiones diarias en las organizaciones, basados en informes que son obtenidos básicamente por los sistemas de información transaccionales, los cuales son capaces de procesar los datos introducidos y validados por los usuarios y procesados de acuerdo a los requerimientos de los propios usuarios del sistema.

Son sistemas que recuperan la información de las bases de datos actualizadas constantemente por los sistemas de información transaccionales, pudiendo por tanto apoyar la toma de decisiones de los usuarios en base a la información actualizada.

Todo sistema de información administrativa conlleva una serie de beneficios para toda organización:

- Son fundamentales para el apoyo al plan estratégico de la organización.
- Apoyan el control de las operaciones que realiza la organización.
- Mejoran la calidad de los productos y/o servicios de la organización.
- Mejoran la distribución de los productos y/o servicios de la organización.

Los sistemas de información administrativos (SIA) tienen como misión la generación de determinados productos de información basados en datos e información de los sistemas de información transaccional. Estos productos de información son básicamente informes, bien sobre un determinado producto, sobre el volumen de ventas, consumos de materias primas, suministros incluso, pueden presentar informes generados de manera automática, cuando no se cumplen o se cumplen determinados criterios prestablecidos, como por ejemplo objetivos sobre el número de ventas, compras, consumos, etc.

Actividades

5. Enumere y argumente las distintas semejanzas y diferencias que pueden existir entre los sistemas de información transaccionales y los sistemas de información administrativos.

Sistemas de información para la toma de decisiones

Los sistemas de información para la toma de decisiones o sistemas de apoyo para la toma de decisiones (SAD) son sistemas informatizados que normalmente interactúan con el usuario, los cuales se encuentran diseñados para ayudar a los directivos o personal de la dirección a la hora de tomar las decisiones.

 Sabía que...

Un *data warehouse* es lo que se denomina en informática "almacén de datos". Es una gran colección de datos de un determinado ámbito que ayuda a la toma de decisiones en la organización.

Los datos que utilizan estos sistemas de información provienen normalmente de sistemas de información transaccionales, un almacén de datos (data warehouse) y/o alguna otra fuente de información, como por ejemplo una base de datos externa a la organización.

Un sistema de información para la toma de decisiones puede ser desde una simple hoja de cálculo, donde introduciendo los datos necesarios, el usuario obtiene unos determinados resultados por medio del procesamiento que la hoja de cálculo realiza con los datos, hasta un complejo sistema de optimización de maquinaria donde es necesario un sistema complejo de procesamiento de datos.

Todo SAD o sistema de apoyo a la toma de decisiones, tiene los siguientes objetivos:

- Apoyar la toma de decisiones humanas de tal manera que se consiga una compaginación del potencial humano y del sistema de información.
- La creación de herramientas de apoyo decisional bajo el control de los usuarios.
- Ayudar a introducir el factor creatividad y juicio decisor en los sistemas de procesamiento de información.
- Ayudar a los usuarios con competencia decisional en la resolución de los problemas.

Todo sistema de información para la toma de decisiones posee las siguientes características:

- Se basan en procesos de toma de decisiones y no en el mero intercambio de datos e información.
- Son flexibles, dado que se pueden implantar y modificar rápidamente.
- Los propios usuarios pueden construir su propio sistema de información para la toma de decisiones mediante las aplicaciones tipo Excel.
- Su función principal es aportar información útil para la toma de decisiones.

Aplicaciones como el análisis financiero, presupuestos, análisis de los costes, ventas, análisis de mercados, simulación de situaciones, análisis de la rentabilidad de los clientes, etc., son algunas de las aplicaciones posibles en las que el sistema de información para la toma de decisiones es una herramienta fundamental.

Gracias a la utilización de un sistema de información para la toma de decisiones, es posible tomar aquellas que conduzcan a la consecución de los objetivos con un menor margen de error.

Sistemas de información estratégicos o sistemas para el nivel superior

Los sistemas de información estratégicos son aquellos sistemas de tratamiento de datos que son utilizados por el escalafón más alto dentro de la estructura de una organización. Son sistemas utilizados por el personal de mayor nivel, personal cuya función principal es la de tomar decisiones no estructuradas, decisiones de planeamiento y control de la organización. Para ello, estos usuarios se valen de los sistemas informáticos para la obtención y tratamiento de la información necesaria para realizar un correcto control de la organización, ya que:

- Cuanto mayor es el nivel del usuario en la organización, la información con la que trabaja es más sensible y cuya confiabilidad es menos precisa o la fuente de la que proviene es menos evidente.
- Los niveles mayores definen los objetivos y las políticas de la organización en un plano temporal a medio y largo plazo.
- Cuanto mayor es el nivel de los usuarios, más necesitan aislarse de las operaciones rutinarias, aquellas que necesitan de un sistema de información transaccional.
- Los niveles mayores necesitan información capaz de vislumbrar los acontecimientos futuros, para poder adaptarse a los cambios que puedan suceder en la economía.

Sabía que...

Business Intelligence (BI) es un sistema de información que permite explorar datos, relaciones entre los datos y tendencias de estos, permitiendo mejorar la toma de decisiones.

Estos sistemas de información estratégicos son sistemas informatizados diseñados especialmente para proveer a los usuarios de nivel superior dentro de la organización, de información relevante para las actividades propias de gestión que realizan. Estos sistemas son los denominados sistemas EIS/ESS *"Executive Information Systems/Executive Support Systems",* son sistemas que tienen en común el acceso inmediato a una base de datos donde los niveles superiores pueden encontrar información financiera y operacional.

Consejo

No todos los sistemas de gestión de la información deben ser utilizados por las organizaciones. El uso de uno u otro tipo, dependerá básicamente de las necesidades de la empresa y su estructura organizativa.

Características de este tipo de sistemas de información son:

- Abarcan varias aplicaciones, incluyendo los sistemas de toma de decisiones.
- Necesitan de una enorme base de datos que incluya a todas y cada una de las partes de las organizaciones.
- Poseen datos tanto internos como externos de la organización como por ejemplo, datos sobre la competencia, clientes, etc.

Aplicación práctica

Teniendo en cuenta los niveles en los que se puede estructurar la toma de decisiones en las organizaciones, relacione cada uno de ellos con los distintos tipos de sistemas de información que mejor se adaptan a cada nivel.

I Nivel de control operativo.
I Nivel operativo.
I Nivel de decisiones estratégicas.
I Nivel de decisiones tácticas

    I Sistemas de información para la toma de decisiones.
    I Sistemas de información administrativos.
    I Sistemas de información estratégicos o sistemas para el nivel superior.
    I Sistemas de información transaccionales.

SOLUCIÓN

Nivel operativo - Sistemas de información transaccionales.

Nivel de control operativo - Sistemas de información administrativos.

Nivel de decisiones tácticas - Sistemas de información para la toma de decisiones.

Nivel de decisiones estratégicas - Sistemas de información estratégicos o sistemas para el nivel superior.

3.3. Flujo documental

El flujo documental en la organización hace referencia a la acción, los participantes y el orden temporal del ciclo de los documentos, es decir, desde que un documento se crea, se tramita, se procesa, se archiva o conserva y por último, se destruye. Toda la información que se genera en este proceso no solo permite que la documentación se gestione correctamente, sino que permite conocer el funcionamiento interno de la organización, su estructura, las funciones de cada de las partes que integran la organización, pudiendo tener, un control mucho más exhaustivo sobre cada una de ellas.

En la actualidad y gracias a las tecnologías de la comunicación y la información (TIC), las organizaciones y sobre todo las administraciones públicas, se afanan cada vez más en optimizar los procesos de intercambio de la información entre los usuarios y las organizaciones y administraciones, haciendo cada vez más ágil y sencillo generar cualquier tipo de documento, procesarlo, enviarlo y archivarlo, todo mediante procedimientos telemáticos.

Un ejemplo claro es la sede electrónica de la Agencia Tributaria, donde es posible cumplir con las obligaciones fiscales de personas físicas o jurídicas mediante medios telemáticos. La aparición de *software* como los *mailroom* digitales, OCR, formatos PDF, TIFF, DOC, XLS, ha permitido que documentos que no tienen un formato estructurado o definido universalmente, puedan ser procesados por los sistemas de información; y archivados todo ello, con el mínimo de recursos humanos, materiales y económicos. Por tanto, actualmente se está pasando de un flujo documental basado en un soporte físico como es el papel, a un soporte digital, basado en documentos electrónicos, los cuales aportan muchas ventajas como por ejemplo:

- Permiten una accesibilidad total del documento a toda la organización.
- Permiten una gran movilidad de la documentación, al ser fácilmente transportable.

 Actividades

6. Mediante la búsqueda en internet, identifique diferentes organizaciones y/o administraciones que utilicen con el uso de las nuevas tecnologías el procesamiento de distintos trámites, procesos, etc.

3.4. Fases: captación, registro, actualización, modificación y consulta

En todo proceso o flujo de información, se realizan una serie de fases por las que toda información y/o documento pasa en algún momento de su existencia dentro de la organización. Es como un ciclo vital por el que toda información y/o documento ha de pasar en algún momento como consecuencia de los distintos procesos que se producen en los sistemas de información existentes en las organizaciones.

No todos los sistemas de información realizan todas las fases del ciclo vital de la información y/o documentación, ya que dependiendo de la tipología a la que pertenezca dicho sistema, realizará una o varias fases distintas. En concreto, las distintas fases que pueden llegar a realizar son:

- Fase de captación.
- Fase de registro.
- Fase de actualización de la información.
- Fase de modificación.
- Fase de consulta de la información.

Fase de captación

Esta fase tiene como único objetivo la obtención por medio de distintas fuentes, de la información y/o documentos que van a formar parte del sistema de información. La captación se podrá realizar por medio telemáticos, mecánicos o mediante la introducción manual de estos por el usuario del sistema.

Actualmente, la inmensa mayoría de las administraciones públicas y las grandes organizaciones, están implementando en sus sistemas de información, *software* capaz de captar e introducir los datos sin necesidad de la intervención humana, lo que conlleva un considerable ahorro en recursos económicos y humanos así como, de una considerable reducción del tiempo de captación de dicha información y de la reducción de errores existentes en dichos datos debidos fundamentalmente a la intervención humana, por ser esta en muchas de sus ocasiones, una fase tediosa y rutinaria.

La digitalización o escaneo en tres dimensiones (3D), es un proceso, que se realiza en la fase de captación, muy utilizado en la actualidad por arqueólogos, restauradores, etc., o simplemente como archivo digital del patrimonio físico de un lugar.

Fase de registro

El registro de la documentación se define como el acto por el que se atribuye a un documento o dato, un identificador único a la hora de ser introducido en el sistema de información.

Es por tanto quizás la fase más importante de todo el ciclo vital de todo documento y/o información, ya que un error en dicho registro, provocaría que la información o documento en cuestión pueda no ser recuperado o consultado con posterioridad para su tratamiento o procesamiento. Para ello, es fundamental que:

- El sistema de información contenga un sistema de identificación único de cada documento e información registrada.
- El usuario del sistema de información conozca a la perfección el sistema de registro para evitar posibles errores en dicha fase o en fases posteriores.

 **Recuerde**

Sin fase de registro de la información y/o documentación, sería completamente imposible realizar las siguientes fases, ya que implicaría la no recuperación futura de dicha información y/o documentación.

Fase de actualización de la información

Esta fase tiene por objeto permitir en cualquier momento la actualización de la información existente en las bases de datos que conforman el sistema de información, independientemente de la tipología de dicho sistema.

Toda información con el transcurso del tiempo es susceptible de quedarse obsoleta y por tanto, requiere en algún momento de su existencia ser actualizada, por ello los sistemas de información deben permitir mediante procedimientos manuales o telemáticos, actualizar la información existente.

Así mismo, los sistemas de información pueden permitir la coexistencia de información actualizada y no actualizada mediante el uso de distintas bases de datos o archivos como pueden ser los archivos o bases de datos activas, para la información y/o documentación actualizada, y los archivos y bases de datos inactivos para la información y/o documentación obsoleta o no actualizada.

Fase de modificación

En ocasiones es necesario que el usuario modifique la información existente, ya sea por errores cometidos en la fase de captación o bien, por actualizaciones posteriores de la información una vez registrada. Esto indica que estamos ante un sistema vivo y dinámico.

El hecho de que exista una fase de modificación de la información y/o documentación en todo sistema de información es algo obvio debido a que todo sistema ha de contener una fase de actualización, ya que esta permite una modificación de la información recogida en sus bases de datos.

Sin una modificación no es posible la existencia de actualización de la información, por lo que modificación y actualización son fases complementarias.

Fase de consulta de la información

La fase de consulta es quizás una de las más importantes dentro de un sistema de información, esta se va a encontrar en todo sistema, independientemente del tipo en el que el usuario se encuentre trabajando. De hecho, sin consulta posible de la información y/o documentación, todo sistema de información se vuelve ineficaz e inútil, ya que el fin de toda información es ser consultada en algún momento de su ciclo de vida, básicamente, por la existencia de una necesidad por parte del usuario.

Esta fase de consulta se va a materializar de distinta forma en función del medio por el que el usuario quiere obtener la información y/o documentación. En la actualidad, todos los sistemas de información existentes permiten recuperar o consultar la información almacenada y procesada a través de distintos formatos:

- **Digital:** mediante visualización en pantalla, archivo digital en sus distintos formatos, etc.
- **Tradicional:** como por ejemplo mediante la impresión de la información en papel.

 Actividades

7. Argumente de forma razonada según su criterio, la fase más importante e imprescindible por la que pasa toda información y/o documentación.

3.5. Funciones y servicios que desarrollan

Todo sistema de información realiza las siguientes funciones y servicios, muy relacionadas con las fases del ciclo de vida de la información y/o documentación.

En concreto, las funciones y servicios son:

- Recolección
- Clasificación
- Compresión
- Almacenamiento
- Recuperación
- Procesamiento
- Transmisión
- Exhibición

Recolección

Esta función conlleva acción de las fases de captura y registro de los datos, información y/o documentos. Con mucha frecuencia, es la función más costosa en la organización y en la que se encuentran con más facilidad errores, debido fundamentalmente a lo rutinario y tedioso que resultan ambas fases, captación y registro.

Con el auge de las nuevas tecnologías de la comunicación e información, el grado de error en esta función se ha reducido considerablemente, debido al uso de medios telemáticos y mecánicos de captura y registro de la información como por ejemplo, el uso de lectores ópticos, OCR, escáneres de códigos de barras, etc.

Clasificación

La clasificación consiste en identificar los datos, información y/o documentación capturada y registrada, agrupándolos en conjuntos homogéneos y ordenándolos en función de las necesidades de la organización para recuperar con posterioridad dicha información.

Es por ello, que cada organización dispondrá, independientemente del sistema de información, de su propio sistema de clasificación, el cual le debe permitir una gran flexibilidad a la hora de trabajar con los datos.

Actualmente, existen multitud de sistemas de clasificación informatizada que permiten alcanzar un elevado nivel de optimización en la clasificación de los datos e información para su correcto aprovechamiento por parte de los usuarios de la organización.

Compresión

Compresión, es el proceso por cual, el sistema de información reduce el volumen de los datos sin que estos pierdan la información necesaria para el usuario.

La compresión se puede realizar mediante varios métodos:

- Mediante la agregación o acumulación de información para obtener una información consolidada de mayor nivel.
- Mediante un filtrado, dejando solo la información significativa para el destinatario de la información.
- Mediante el uso de herramientas estadísticas como por ejemplo la media, mediana, rango, percentiles, etc., este tipo de información obtenida mediante variables estadísticas es más ilustrativa y posee una mayor significado para el usuario.

Por tanto, el objetivo de todo sistema de información es el procesamiento de esta, todo sistema ha de contar con herramientas compresoras que hagan que la información y los datos posean un valor añadido para los usuarios o destinatarios.

Almacenamiento

Es la función que tiene como objetivo la conservación de los datos, así como su correcta protección. Actualmente la tecnología permite disponer de una capacidad ilimitada de almacenamiento de datos en formato digital, pudiendo ser esta; consultada en condiciones óptimas inmediatas.

Mediante esta función, el sistema de información hace las veces de memoria de la organización y mediante la fase de actualización y modificación, el sistema de información se convierte en una imagen que representa fielmente a la organización.

Recuperación

La función de recuperación tiene por objeto el suministro de la información existente en la base de datos al usuario o demandante de dicha información. Es muy importante tener en cuenta que el proceso de recuperación de la información va a depender y mucho, del sistema de clasificación elegido por la organización.

En la actualidad, cada vez es más demandado un proceso de recuperación de la información en tiempo real, es decir, en el mismo momento que la información es captada, generada o procesada puede ser recuperada para su consulta o actualización.

Procesamiento

Todo sistema de información es a su vez un sistema que transforma la información, de procesamiento de la información.

Esta transformación o procesamiento de la información se lleva a cabo mediante clasificaciones, cálculo, relaciones y en general cualquier tipo de operación que utilice medios humanos o tecnológicos para convertir una determinada información o dato, en otro tipo de información o dato que contenga un valor y significado para el usuario.

La función de procesamiento implica por tanto una fase de modificación y actualización de la base de datos del sistema de información.

Transmisión

La función de transmisión tiene por objetivo la comunicación de la información de los datos y/o información entre dos puntos distantes.

Esta transmisión de información se podrá realizar mediante el traslado físico de la información como por ejemplo en papeles, cintas, videos, etc., o mediante la transmisión de señales como por ejemplo la comunicación entre equipos informáticos, teléfono, etc.

Actualmente las posibilidades de transmisión de la información mediante las redes de comunicación, hacen que la información se encuentre disponible de forma rápida, eficiente y eficaz en cualquier parte del mundo y en el formato deseado por los demandantes.

Exhibición

La función de exhibición permite la salida de la información del sistema en un formato que resulte legible y por supuesto, útil para el demandante.

En los sistemas informáticos, la exhibición de la información va a depender básicamente de la interfaz existente entre el propio sistema y el usuario. La pantalla del equipo informático o dispositivo móvil, así como cualquier otro tipo de dispositivo que permita la representación de la información en cualquier formato, son elementos indispensables para la exhibición o representación de la información demandada.

 Actividades

8. Imagine una organización de estructura media donde su actividad principal sea la venta por internet de juguetes. Elabore una lista de las distintas tareas que se realizan, relacionándolas con las funciones y servicios que desarrolla todo sistema de información.

3.6. Los archivos físicos e informáticos de la información

En la actualidad y gracias al gran avance que se ha producido en las nuevas tecnologías, la información es posible encontrarla básicamente en dos formatos distintos:

- En archivos físicos
- En archivos informáticos

Los archivos físicos comprenden la forma tradicional de almacenar la información y que se encuentra en posesión de toda organización. Estos van a requerir de grandes recursos materiales, humanos y económicos tanto para su puesta en funcionamiento, organización, mantenimiento y conservación. Hay que tener en cuenta que toda organización, por muy pequeña que sea, genera y gestiona ingentes cantidades de documentos y/o información que de ser almacenada en archivos físicos, va a requerir de una serie de espacios para su establecimiento, los cuales varían en función del volumen de información almacenada, pudiendo llegar a requerir en ciertos casos, edificaciones exclusivas para dicho archivo. También, van a requerir de un determinado número de personal encargado de su gestión y mantenimiento, lo que hace que se eleven considerablemente los costes de funcionamiento del mismo.

Uno de los grandes inconvenientes de los archivos físicos es el gran espacio necesario y correctamente acondicionado para el correcto almacenamiento de la información y/o documentación.

El mobiliario y accesorios necesarios para el almacenamiento, clasificación y conservación de la información requerirán de una fuerte inversión que no todas las organizaciones están capacitadas para su financiación. Estanterías, armarios, clasificadores, iluminación, medios de extinción de incendios, etc., son elementos necesarios y muy costosos en un archivo físico de información.

Por el contrario, y gracias a las nuevas tecnologías, los archivos informatizados, requieren de muy pocos recursos para un funcionamiento eficiente y eficaz dentro de la organización. La capacidad casi ilimitada de los sistemas de almacenamiento digital de la información, hacen que en un espacio físico muy limitado, sea posible almacenar la información contenida en innumerables archivos físicos, lo que reduce a cantidades insignificantes, el coste de almacenamiento de la información.

Otra característica es la rápida y flexible disponibilidad de la información mediante un archivo informatizado, ya que estos al formar parte de los sistemas de información, se aprovechan de las distintas funciones que desarrollan y que facilitan la labor de documentación de la información, reduciendo sobremanera los costes.

Grandes servidores y equipos informáticos que requieren en la mayoría de los casos una inversión inicial elevada pero en ningún caso, igual a la necesitada en un archivo físico, son casi los únicos elementos necesarios para que la organización sea propietaria de su propio archivo informatizado.

 Actividades

9. Exponga una argumentación razonada de la coexistencia actual de los archivos físicos e informáticos en las organizaciones.

4. Ventajas e inconvenientes del soporte informático, frente a los soportes convencionales

El auge de las nuevas tecnologías en el campo de la documentación e información, ha dado lugar a que el soporte tradicional y universal por excelencia, haya sido desplazado por la aparición de nuevas formas de representar, difundir y conservar la información y/o documentación. El correo electrónico, documentos digitales, soportes electrónicos, etc., han provocado un cambio radical en la forma de organizarse y trabajar en las instituciones y organizaciones empresariales. Sin embargo, y a pesar de este aumento espectacular del uso de este tipo de tecnología, el papel o soporte tradicional de la información, no queda del todo abandonado, es más, se sigue usando como se ha hecho hasta la actualidad.

El soporte informático, como medio para la conservación de la documentación y/o información, agiliza enormemente todo proceso llevado a cabo, reduciendo enormemente los costes económicos, humanos y de tiempo, pero a su vez, posee una serie de inconvenientes intrínsecos a la propia naturaleza de la tecnología utilizada.

Al igual que la tecnología de la información crece a un ritmo vertiginoso, crece también al mismo ritmo la obsolescencia de los propios sistemas informáticos que procesan la información, provocando la incompatibilidad entre los sistemas más antiguos frente a los más modernos, lo que pone en serio riesgo la información que se encuentra almacenada en dichos sistemas obsoletos. Así, será irremediablemente necesaria una migración de datos entre ambos sistemas, lo que sin lugar a duda va a provocar una paulatina pérdida de los datos que se conservan en los sistemas más antiguos.

Otro de los aspectos negativos que los sistemas informáticos poseen frente a los tradicionales, es su confiabilidad, seguridad y protección frente a posibles hurtos, falsificaciones o modificaciones de la información que se pueden producir en cualquier lugar físico, independientemente del lugar donde se alojen físicamente los datos digitales. Además, la falta de una legislación extensa que regule la protección y legalidad de los datos contenidos en soporte digital, hacen que su valor como prueba, testimonio y memoria, no sea totalmente válida y se requiera del original en soporte tradicional, como valor probatorio de la información o hecho que justifica el documento y/o información.

Pen Drive y discos duros internos o externos, son soportes informáticos de información de alta capacidad y muy extendidos entre los usuarios gracias a su gran versatilidad.

Por tanto, ya sean soportes ópticos o magnéticos, archivos sonoros o de video, CD-ROM, DVD, *pendrive,* archivos digitalizados, JPEG, GIF, PDF, DOC, TXT, discos duros, etc., todos sin duda alguna, presentan como ventajas su gran capacidad de almacenamiento de la información, su flexibilidad de acceso, modificación y registro de la información, un menor coste de adquisición y mantenimiento, movilidad y facilidad de copiado de la información pero son incapaces de desbancar definitivamente al soporte tradicional, ya que no existe en la actualidad, soporte electrónico de la información que lo consiga.

Es imperiosamente necesario normalizar la creación de los documentos en soporte electrónico, asegurando una correcta clasificación y recuperación de la información así como, garantizar definitivamente la autenticidad y fiabilidad del contenido de dichos soportes digitales, siendo esta una de las razones principales por las que la sociedad no se deshace del soporte tradicional.

 **Actividades**

10. Enumere las distintas ventajas e inconvenientes del soporte informático de la información frente al soporte tradicional.

Por último, la durabilidad en periodos muy largos de tiempo del soporte digital no se ha resuelto aún, por lo que aún se puede afirmar que el soporte tradicional sigue siendo el más importante en la actualidad.

5. Grabación de archivos en distintos formatos

La información y/o documentación que tanto las administraciones, instituciones y organizaciones generan, comparten u obtienen de distintas fuentes, pueden ser grabadas para su conservación, tratamiento y/o recuperación, en distintos tipos de formatos digitales.

Esta información y/o documentación se encontrará estructurada en ficheros de información, los cuales podrán tener distintos formatos, dependiendo en ocasiones del tipo de información y/o documento, así como de la tecnología utilizada para su grabación "etc".

Un formato de fichero se puede definir como una forma determinada en la que la información es codificada para su almacenamiento en un soporte digital. Estos formatos se pueden clasificar en dos tipos:

- **Formatos cerrados:** aquellos que son propios de la institución, administración u organización, lo que puede provocar un problema de incompatibilidad a la vez de una enorme dependencia a un determinado proveedor como por ejemplo el formato ".doc", usado por el procesado de texto *Microsoft Word.*
- **Formatos abiertos o libres:** los cuales pueden ser procesados por cualquier *software* como por ejemplo el formato HTML para páginas webs o los formatos OpenDocument.

5.1. Formato de textos

El formato de texto se refiere a todas aquellas formas de codificar la información establecida en formato texto para su almacenamiento en un soporte digital. Son ficheros formados fundamentalmente por todos aquellos signos codificados en cualquier sistema de escritura.

Entre los distintos formatos de texto existentes en la actualidad, los más comunes son:

- **Formato .”doc”:** este formato se caracteriza por ficheros creados por el procesador de texto *Microsoft Word,* perteneciente al famoso Paquete Office de la marca Microsoft. Es por tanto un formato cerrado, requiriendo para su utilización de una licencia para poder utilizar el *software.* Este es uno de los formatos más extendidos en la actualidad. Es posible trabajar con él en el formato abierto Open Office, pero con total seguridad que la información de texto contenida en él, cambie de forma, estructura, etc.
- **Formato “.sxw”:** este formato es el creado por el procesador de textos Open Office 1.0. Es un formato del tipo abierto o libre, por lo que será imposible utilizarlo en sistemas de formato cerrados como el *Microsoft Word.*
- **Formato “.txt”:** formato de texto estándar o plano generado por el *software Bloc de Notas* perteneciente al sistema operativo Windows, también propiedad de la compañía Microsoft. Este es un tipo de formato compatible con sistemas cerrados y algunos abiertos como por ejemplo el *gEdit* de Guadalinex, perteneciente a la Junta de Andalucía.
- **Formato “.pdf”:** formato estándar para el intercambio de fichero de texto. Inicialmente fue un formato cerrado, propiedad de Adobe hasta su versión 1.4., en la que se convirtió en formato libre bajo estándar ISO. Normalmente son formatos no modificables y que solo son accesibles su lectura mediante la utilización del *software* libre Adobe Reader (dependiendo de su versión) o navegadores. Es un tipo de formato usado para documentos profesionales.

Iconos de los formatos de texto más extendidos en la actualidad, pertenecientes a grandes compañías de software como son Microsoft y Adobe

5.2. Formato enriquecidos

El formato enriquecido o formato de texto enriquecido, del inglés Rich Text Format (RTF), es un formato informático desarrollado por la compañía Microsoft para el intercambio de documentos en multiplataforma. Son formatos compatibles para la mayoría de los procesadores de texto, ya sean libres o cerrados, pudiendo ser leídos y modificados.

Esta capacidad de ser compatible con distintos formatos, ya sean abiertos o cerrados, es una de sus ventajas y que hacen aconsejable su uso además de que ocupa menos espacio que un documento de texto normal como por ejemplo el ".doc". Todo el *software* de procesamiento de texto, es capaz de leer archivos ".rft" así como las distintas aplicaciones de bases de datos, clientes de correo electrónico y sistemas operativos como Unix, MacOS, y Windows.

Otra de sus características es su fácil manejo, ya que al ser compatibles con la mayoría de los procesadores de texto, se utilizan las mismas funciones y herramientas para su visualización, modificación y conservación.

Por último, los archivos en formato enriquecido poseen la gran ventaja de que no propagan virus informáticos, ya que al no utilizar macros este tipo de archivos, los virus no se pueden alojar y ocultar en los archivos de texto, que tan comúnmente son transmitidos a través de distintos medios como el correo electrónico, discos duros, *pendrive,* etc.

5.3. Formato web

El formato web es un tipo de formato de texto que utiliza un determinado tipo de lenguaje utilizado para la elaboración de páginas web. El formato web o formato HTML *(Hyper Text Markup Language),* lenguaje para el marcado de hipertexto es el lenguaje que permite dar forma a todas y cada una de las páginas webs que se encuentra en la red.

Con este tipo de formato se crean los textos, se insertan las fotos, listas tablas, formato de texto, colores, etc., de las páginas y sitios web existentes en Internet. Con este tipo de lenguaje se puede obtener información sobre quién visita tu sitio web, diseñar formularios para contactar con los posibles clientes de la tienda virtual, etc. Los formatos web, normalmente usan extensiones ".htm" o ".html".

Otro de los formatos web utilizados es el ".swf" formato con el que pueden ser creadas animaciones mediante el programa Flash de la compañía Adobe.

 Sabía que...

La tecnología Flash es una aplicación desarrollada por la empresa MACROMEDIA y se utiliza para la creación de animaciones a partir de objetos controlados por curvas o vectores.

5.4. Formato de imágenes

Actualmente existen multitud de formatos de archivos diferentes para el almacenamiento de las imágenes en formato digital. Uno de los más extendidos es el formato JPG o JPEG.

El formato JPEG, del inglés *Joint Photografic Experts Group* (Grupo Conjunto de expertos en Fotografía), son las siglas utilizadas por el comité de expertos que crearon este tipo de formato estándar de compresión y codificación de archivos de imágenes fijas. En la actualidad es el método más extendido, dado que es el más utilizado por todas las cámaras fotográficas digitales a la hora de guardar las imágenes capturadas. Se caracteriza porque es un formato comprimido de la información, ya que para su almacenamiento, prescinde de los colores de la imagen que no se encuentran en el espectro visible. Una variante de este tipo de formato es el formato JPG, el cual tiene como función el almacenamiento y transmisión de imágenes fotográficas en la red aunque a menudo, tanto uno como otro, son utilizados para la realización de sitios y páginas web gracias a su gran compresión.

Otro formato de imágenes muy extendido es el formato GIF. Formato que es usado para las animaciones y gráficos en los que existen zonas transparentes. Creado en 1987 por CompuServe, llegó a ser muy extendido por su algoritmo de compresión de datos, lo que facilitaba enormemente la descarga de la información incluso a velocidades muy bajas. Puede contener entre 2 y 256 colores, por lo que su limitada combinación de colores unido a ser un formato cerrado, ha hecho que los usuarios se decanten por otro tipo de formatos libres (como por ejemplo el PNG) y que no pierdan calidad en las imágenes, debido a su paleta de colores limitada. Su uso más frecuente es para publicidad web en banners, las animaciones y presentaciones.

El formato PNG posee características similares al formato GIF aunque se trata de un formato más evolucionado y que posee una mayor calidad. Este formato fue desarrollado básicamente para solventar todas las deficiencias del formato GIF, permitiendo almacenar imágenes con una mayor profundidad y contraste. Además tiene a su favor que pertenece al grupo de formatos libres, por lo que no está sujeto a licencia alguna.

El formato TIFF, del inglés *Tagged Image File Format,* es otro formato de imágenes que puede almacenarlas sin pérdida de calidad, lo que implica la generación de archivos con un volumen de información elevado a pesar de tener un excelente algoritmo de compresión de datos. Es un formato cerrado y perteneciente a la compañía Adobe Systems, permite almacenar más de una imagen de un mismo archivo.

Por último, el formato SVG del inglés, *Scalable Vector Graphics* (Gráficos Vectoriales Redimensionables), son un tipo de formato para gráficos vectoriales bidimensionales estáticos y/o dinámicos.

 Sabía que...

Una imagen vectorial es una imagen digital compuesta de formas geométricas definidas por distintos atributos como la forma, la posición, el color, etc. Actualmente se utiliza para imágenes en tres dimensiones, ya sean estas estáticas o dinámicas.

Este tipo de formatos permiten obtener tres tipos de elementos gráficos:

- Elementos geométricos vectoriales
- Imágenes de mapa de *bits*
- Texto

Su gran ventaja es la creación de imágenes sumamente complejas como pueden ser las imágenes en tres dimensiones.

5.5. Formato de sonidos

Existen en la actualidad distintos formatos de audio, formatos capaces de almacenar en muy poco espacio digital, el archivo sonoro gracias a un algoritmo matemático. El único inconveniente se encuentra en la lectura o reproducción de dicho formato, ya que no todos los aparatos reproductores de archivos de sonido, reproducen todos los formatos existentes. De entre todos, los más comunes son:

- Formato WAV, del inglés *(WaveForm Audio File),* es un tipo de formato cerrado propiedad de Microsoft y es ideal para el almacenamiento de audio original. Es un formato que posee una calidad excelente, aunque su gran inconveniente es el gran volumen del archivo que genera, por lo que básicamente es utilizado para archivos sonoros de corta duración. Es el tipo de archivo utilizado en los CD de audio convencional.
- El formato MP3 o MPEG 1 Layer 3, es quizás el formato de audio más conocido y extendido en la actualidad gracias a su alto grado de compresión y su gran extensión en el mercado mundial. Es el formato que se puede reproducir en la mayoría de los aparatos reproductores y es ideal para la publicación de archivos sonoros en la red, gracias a su gran compresión de la información presentados a su vez, una mínima pérdida de calidad.
- El formato OGG, desarrollado por la fundación Xiph.org, es un formato de audio más reciente y libre, teniendo un grado de compresión muy similar al MP3, pero con una calidad musical algo superior a este. El gran inconveniente de este tipo de formato es su poca versatilidad, ya que son pocos los reproductores que soportan este tipo de archivos. Otra

de sus grandes ventajas es que es capaz de contener tanto audio como video, convirtiéndose prácticamente en un archivo multimedia.

Iconos de los formatos de audio más extendidos en la actualidad, siendo el más conocido el famoso MP3, gracias al gran número de reproductores capaces de soportar dicho archivo.

5.6. Formato de videos

Al igual que el sonido, las imágenes dinámicas o videos, pueden ser almacenados en distintos formatos, siendo los más comunes:

- El formato AVI, del inglés Audio Video Interleaved (Audio y video intercalado). Una de sus características es la gran calidad con la que es almacenada las imágenes en este tipo de archivo, pese a los elevados recursos que necesita para ello, por lo que este tipo de archivo suele ser muy grande. Es posible reproducirlo en la mayoría de los reproductores (Windows media, QuickTime, etc.) siempre que estos contengan los codecs necesarios para ello. Debido al gran tamaño que tienen estos tipos de archivos, no son recomendados para la publicación en la red.

- El formato MPEG, del inglés Moving Pictures Expert Group (Grupo de Expertos de Películas) es el tipo de formato estándar de video y son utilizados para la representación de videos de alta calidad. Existen diferentes versiones de este tipo de formatos en función de la complejidad de su almacenamiento como son MPEG-1, MPEG-2, etc., son archivos reproducidos en Windows Media Player y QuickTime.

- El formato MOV es el formato cerrado desarrollado por la compañía Apple, siendo reproducido básicamente en QuickTime. Dado que reproduce videos de alta calidad y con un tamaño muy pequeño, son archivos ideales para la publicación en la red. Otra de sus ventajas es que admite *streaming*.

- El formato FLV es el formato cerrado de la compañía Adobe y utilizado en el reproductor Adobe Flash para la visualización de videos en Internet. Se puede reproducir en reproductores como MPlayer, VLC media player, etc. Compañías como YouTube, Google Video, etc., utilizan esta tecnología para reproducir sus videos, ya que permite una alta calidad con un tamaño muy reducido. Otra de sus ventajas es que admite *streaming*.

 **Definición**

Códec
Es un *software* que se encarga de la codificación o decodificación de determinados archivos. Son muy utilizados para poder visualizar determinados archivos en reproductores o similares.

Streaming
Es la distribución de archivos multimedia a través de la red con la característica de que son visualizados a la vez que son descargados. Esta tecnología funciona gracias al conocido Búfer de datos.

6. Codificación de los documentos

La tarea de codificación y clasificación de los documentos es, si cabe, una de las tareas más complejas y laboriosas de todas las relacionadas con el ciclo de vida de toda información y/o documentación. Hay que tener en cuenta que todas las organizaciones, administraciones, etc., van a requerir de un sistema de clasificación y codificación de toda su información y/o documentación con la peculiaridad de que este sistema satisfaga las necesidades individuales de cada una de ellas. Es por ello que el sistema utilizado por una organización, no va a ser completamente válido para otra organización, requerirán por tanto de sistemas completamente individualizados a la estructura, necesidades y recursos de los que dispone dicha organización.

6.1. Clasificación de documentos

Para abordar correctamente la tarea de clasificar la documentación, es necesario tener claros una serie de conceptos como son clasificar y ordenar.

Se define clasificar como aquella acción por la que se ordena un determinado volumen de material de acuerdo a su contenido y a unas normas preestablecidas. Ordenar se define como la acción por la que se ponen uno o varios materiales según un determinado orden prestablecido.

Estos dos conceptos afianzan la idea de que no todo vale a la hora de clasificar la documentación y que, toda clasificación no es válida para cualquier organización, ya que va a depender básicamente de las normas preestablecidas para dicha acción por cada organización, y por último lugar de las necesidades de clasificación u ordenación que cada organización demanda en función de sus recursos y estructura.

Actualmente existen multitud de criterios de clasificación, todos ellos válidos y que serán elegidos siempre y cuando se encuentre y se facilite la búsqueda de documento en cuestión, en función de los requerimientos exigidos por la organización.

Existen dos sistemas de clasificación de la información: sistemas de clasificación exactos y ambiguos.

Sistemas de clasificación exactos

Son sistemas en los que se agrupan los contenidos en secciones perfectamente identificadas y diferenciadas del resto como por ejemplo cuando se busca una definición en un diccionario o, cuando se busca un número de teléfono en un listín telefónico.

Estos sistemas se clasifican a su vez en:

■ **Sistemas de clasificación alfabética.** Mediante esta clasificación, los documentos son clasificados por orden alfabético de algún atributo que los identifique, como por ejemplo el nombre, el título, el formato, etc.

- **Clasificación cronológica.** Este tipo de clasificación, muy útil para documentación y/o información que se encuentra en constante actualización, se realiza mediante la fecha de realización, publicación, etc.

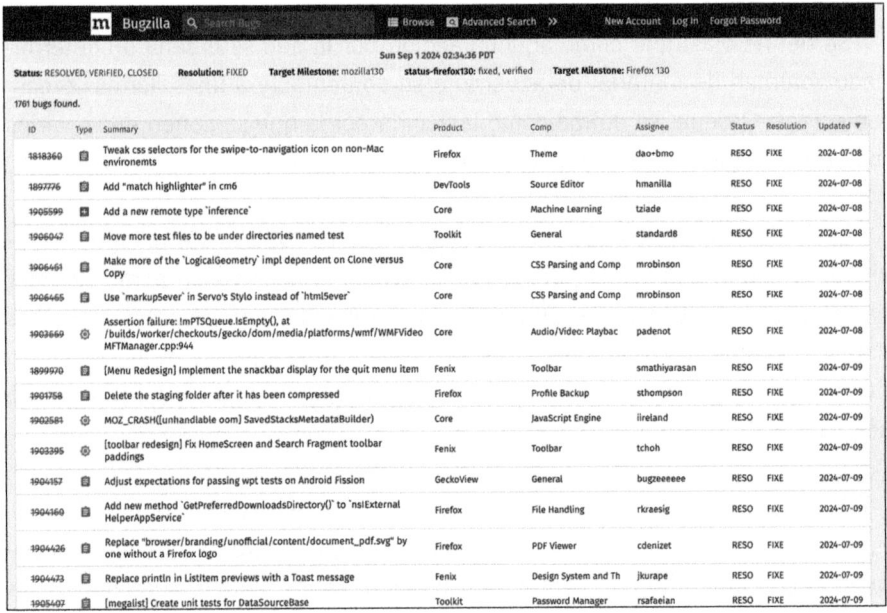

Ejemplo de clasificación cronológica

- **Clasificación geográfica.** Atendiendo a la zona geográfica a la que pertenecen los documentos, es una forma útil para aquellas organizaciones que poseen distintas zonas de trabajo y desean ordenar su documentación, atendiendo a dicha clasificación.

Aplicación práctica

Como auxiliar administrativo de la empresa para la que trabaja, le han encargado la tarea de clasificar los expedientes de los clientes en función de su ubicación geográfica.

CIUDADES	APELLIDO Y NOMBRE
Madrid	Camacho, Leopoldo
Lugo	Recio, Antonio
Zamora	Rivas, Sonia
Madrid	Linares, Luis
Córdoba	Gila, José
Ourense	Martos, Enrique
Córdoba	Romanones, Pablo

SOLUCIÓN

CIUDADES	APELLIDO Y NOMBRE
Córdoba	Gila, José
Córdoba	Romanones, Pablo
Lugo	Recio, Antonio
Madrid	Camacho, Leopoldo
Madrid	Linares, Luis
Ourense	Martos, Enrique
Zamora	Rivas, Sonia

Sistemas de clasificación ambiguos

Son sistemas en los que se le ofrece al usuario una forma de acceder a los contenidos mediante enlaces u opciones, ya que este no sabe en ocasiones qué es lo que busca exactamente. Son sistemas que organizan la clasificación en categorías que no se encuentran definidas de forma exacta. Este es el tipo de sistemas utilizado en los sitios web.

Estos sistemas se clasifican a su vez en:

- **Clasificación temática o por categorías.** Dependiendo de la temática del documento y/o información, así es clasificado dentro de la organización como por ejemplo, documentación de bancos, proveedores, clientes, impuestos, etc. A su vez, esta clasificación se puede subdividir en una clasificación cronológica, geográfica o alfabética. Este tipo de clasificación es la más útil y la más extendida en las organizaciones.

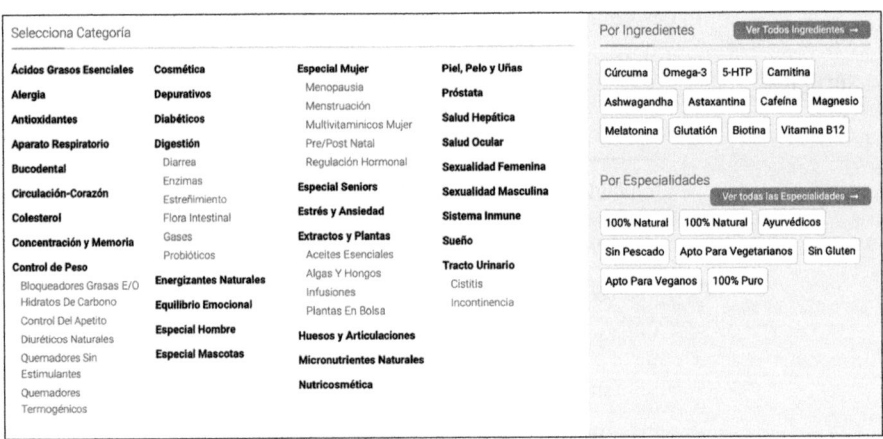

Ejemplo de clasificación por categorías o artículos

- **Clasificación orientada a las tareas.** Esta clasificación ordena la documentación en función de las posibles tareas que el usuario realiza o puede llegar a realizar.
- **Clasificación orientada al usuario final.** En función de quién es el usuario final de la documentación clasificada, sus necesidades e intereses, así es ordenada y clasificada en secciones, ya sean específicas o adaptadas

como por ejemplo, aquella documentación que se clasifica y ordena para uso exclusivo de investigadores, economistas, o la utilizada por la universidad de Córdoba en la que se diferencia entre profesores, estudiantes y personal de administración y de servicios, etc. *(http://www.uco.es).*

Ejemplo de clasificación orientada al usuario final

Normalmente, las organizaciones dependiendo de sus necesidades y recursos van a optar por uno u otro método de clasificación aunque, es muy común la utilización de una combinación de varios sistemas de clasificación de la documentación.

6.2. Niveles de acceso

Una vez que la documentación y/o información se encuentra ordenada y clasificada en función de las necesidades de la organización, es necesario dotar a dicha clasificación de una serie de barreras de control y/o limitación de acceso de los usuarios a los distintos documentos que conforman el archivo o base de datos de la organización, ya que determinados usuarios ajenos o extraños, denominados personal no autorizado, no tienen por qué tener acceso a la información, ya sea esta en su totalidad o en parte.

Por tanto, será necesario que exista un determinado protocolo de acceso a la información o en el caso de bases de datos digitales, mediante determinados programas de control y palabras clave de acceso (Password) que impidan a todo aquel usuario no autorizado, acceder a la información que por su nivel, catalogación, materia, etc., requiera de un determinado permiso de acceso. Datos bancarios, nóminas, informes financieros, patentes, etc., es información que requiere de un tratamiento especial y por tanto, no todo usuario está capacitado para su uso.

Estos programas de control de acceso a la información, deberán identificar a todo usuario autorizado y permitir su acceso a la base de datos en función del nivel que posean. Estos niveles de acceso serán establecidos en función de las necesidades de la propia organización pero en general, estos se clasificarán atendiendo a la lectura o modificación de la documentación en sus distintas formas.

Por ello, los niveles de acceso se van a clasificar en:

- Nivel de consulta de la información no restringida o reservada. Este nivel se puede considerar el nivel más bajo, ya que el usuario solo podrá tener acceso a la lectura de determinada información que por su naturaleza, no implica ningún peligro para los individuos o las organizaciones.
- Nivel de mantenimiento de la información no restringida o reservada. Este es un nivel superior al anterior, por lo que el usuario que lo posea, será capaz de consultar y modificar la información de carácter no reservado. Este nivel implica la posibilidad de poder modificar o eliminar determinada información y/o documentación existente, por lo que requiere que el usuario tenga un cierto estatus dentro de la organización.
- Nivel de consulta de la información, incluyendo la restringida o reservada. Con este nivel, el usuario podrá acceder tanto a la información no restringida como a la reservada o restringida, pero nunca a la modificación de ambas. Es un nivel de consulta, pero que obliga a que el usuario posea

un nivel elevado dentro de la estructura de la organización. Directivos, ejecutivos, etc., son los usuarios que normalmente tendrán acceso a la información con este tipo de nivel.

■ Nivel de mantenimiento de la información, incluyendo la restringida o reservada. Se puede decir que es el nivel de acceso a la información más alto dentro de la organización. El usuario que lo posea podrá tanto consultar información reservada y no reservada como su modificación, lo que implica que puede realizar tareas que pueden perjudicar enormemente a los individuos y a la propia organización. El personal más alto dentro del escalafón de la organización será quien posea este nivel como por ejemplo, la dirección, el administrador único, etc.

 Actividades

11. Teniendo en cuenta la importancia de un establecimiento de niveles de acceso a la información, y suponiendo que usted fuese la persona de más alto rango dentro de la organización, ¿a quién encargaría la labor de asignar los niveles de acceso a la información del resto de miembros de la organización? Argumente la respuesta de manera razonada.

7. Conservación de la documentación obsoleta o histórica

Hay que recordar que la documentación de toda organización, administración, etc., supone el día a día de su vida, por lo que la conservación de toda esa documentación y/o información, va a suponer la memoria histórica de dicha organización. Su conservación ya sea definitiva o temporal en los distintos tipos de archivos que posea, va a depender de varios factores, ya sean factores propios e implantados por la empresa, o factores ajenos, impuestos por imperativos legales.

7.1. Vigencia de la documentación

La documentación ya sea en una organización, administración pública, etc., requerirá ser conservada fundamentalmente por dos razones básicas.

En primer lugar, por la propia necesidad de conservación de toda información y/o documentación, ya que es la memoria histórica de dicha organización y que ha de estar debidamente ordenada y clasificada para su correcta localización y recuperación en caso de consulta.

En este caso, la vigencia de la información conservada dependerá básicamente de lo estipulado por la organización en función, claro está, de los recursos físicos, económicos y humanos de los que disponga, ya que no hay que olvidar que tanto archivos físicos como digitales, van a consumir una serie de recursos, en mayor medida en los físicos, que muchas organizaciones o no están dispuestas a soportar o no le es posible obtener para el mantenimiento de dichos archivos.

En muchos casos, pasado el periodo de vigencia legal impuesto por la normativa aplicable a cada caso, la organización conserva determinada documentación y/o información histórica por motivos sentimentales o personales, como por ejemplo la primera acción de la empresa, la primera factura de clientes, etc.

En segundo lugar, existe una serie de imperativos legales, que obligan a toda organización, administración, etc., a mantener la información y/o documentación conservada en los archivos físicos y/o digitales durante un periodo de tiempo que una vez transcurrido, obliga en algunos casos a la destrucción de la documentación mediante sistemas que certifiquen la completa destrucción de dicho material. La legislación española a través de normas recogidas en el Código Civil, el Estatuto de los Trabajadores, el Código de Comercio o en la Ley General Tributaria, etc., establecen diferentes periodos de conservación de los documentos, lo que obliga al empresario a tener en cuenta un elevado número de periodos, sino quiere ser objeto de sanción alguna.

En concreto, el Código de Comercio en su artículo 30 establece que: "todo empresario conservará los libros, correspondencia, documentación y justificantes concernientes a su negocio, debidamente ordenados, durante seis años, a partir del último asiento realizado en los libros, salvo lo que se establezca por disposiciones generales o específicas".

A efectos fiscales y de acuerdo a la Ley General Tributaria, en sus artículos 66 al 70, indica que los documentos e información deberán conservarse como mínimo, durante el periodo en el que la Administración tiene derecho a comprobar e investigar dicha documentación, por lo que en el caso de la Agencia Tributaria, el plazo de prescripción es de 4 años a contar desde la finalización del plazo de presentación de las declaraciones. Así mismo, el plazo de prescripción para la comprobación de las bases imponibles y las deducciones es de 10 años a contar desde la finalización del plazo de presentación de la declaración en que se generaron.

En el caso de documentación de otro tipo de materia como puede ser la sanitaria y que puede ser información sensible en cuanto a hábitos de consumo, enfermedades, etc., el Decreto 38/2012, de 13 de marzo sobre historia clínica y derechos y obligaciones de paciente y profesionales de la salud en materia de documentación clínica específica en su artículo 19, "que toda documentación e información deberá conservarse durante un periodo mínimo de 5 años a contar desde la fecha de alta de cada episodio asistencial".

7.2. Destrucción de documentación obsoleta o histórica

Un aspecto importante que todas las organizaciones deben tener en cuanto a la conservación de la documentación y/o información, es el proceso de destrucción de esta, una vez que el periodo establecido para su conservación ha llegado a su fin. De hecho, la Ley Orgánica 3/2018, de 5 de diciembre, regula, como obligación del responsable del tratamiento de datos en la empresa, el bloqueo de los datos cuando proceda a su rectificación o supresión. Una vez cumplido el plazo de prescripción que le corresponden, deben ser destruidos.

La destrucción de la documentación y/o información no realizada de manera correcta, puede conllevar cuantiosas sanciones económicas.

Si la organización no destruye este tipo de documentación y/o información, se expone a que cualquier individuo pueda tener acceso a dicha información para realizar un uso indebido de ella; en este caso se podría incurrir en importantes sanciones. De hecho, es necesario que la destrucción de dicha documentación e información, independientemente de su soporte, se realice de manera confidencial y certificada de manera que sea imposible su recuperación, tal y como establece la Norma UNE-EN 15713:2024.

La destrucción de documentación puede ser:

- **Destrucción periódica,** aquella que se realiza de manera mensual o periodo semejante para la documentación que no es necesaria conservar durante el periodo establecido por la normativa competente, como por ejemplo albaranes, impresiones de copias de documentos inservibles, etc.
- **Expurgo históricos,** destrucción de aquella documentación que una vez archivada y superado el tiempo máximo de conservación, ha quedado completamente obsoleta.

Listados de clientes, historial de trabajadores, informes, información contable, planes de *marketing,* contratos, firmas, nóminas, correos, historiales médicos, presupuestos, etc., son algunos de los documentos y/o información que debe ser destruida, una vez que se haya superado el tiempo máximo de su conservación.

La infracción muy grave en la que se incurriría en caso de que no se proceda al bloqueo de los datos hasta el momento de su destrucción, posibilitando una vulneración o uso fraudulento de los mismos, está fijada en el artículo 72 de la Ley Orgánica 3/2018, de 5 de diciembre, de protección de datos personales y garantía de los derechos digitales. La sanción que le corresponde a este tipo de infracción es la cantidad mayor entre el 4 % del volumen de negocio anual del ejercicio financiero anterior y 20 millones de euros.

7.3. Archivo definitivo u otros

El archivo se puede definir como el conjunto ordenado y clasificado de documentos y/o información, así como el lugar físico o digital donde son almacenados dichos documentos y/o información.

Por tanto, independientemente del tipo de organización, todas sin excepción y teniendo en cuenta sus recursos y necesidades así como, la clase de documentación y el orden y clasificación elegida para ellos, van a establecerse los siguientes tipo de archivo: el archivo activo, semiactivo, y definitivo o inactivo.

El archivo activo

El archivo activo es aquel que va a contener la documentación y/o información más reciente de la organización; es el tipo de documentación que va a ser necesario consultar por los usuarios con una frecuencia muy elevada, casi a diario. Es el tipo de información necesaria para que se desarrollen las labores diarias de los puestos de trabajo que conforman la organización.

Dadas estas características, este tipo de archivo se va a localizar lo más cerca posible de los usuarios que la demandan. Por lo general, se va a encontrar en el mismo puesto de trabajo, facilitando así el acceso a toda la documentación y/o información que se necesite. Por ejemplo, en el departamento de contabilidad de una organización, en el archivo activo se van a encontrar toda la información y/o documentación relativa a dicho departamento con un antigüedad de 3,6 o 12 meses, dependiendo del espacio físico disponible para ello.

El archivo semiactivo

Este tipo de archivo es el que va a contener la documentación y/o información que va a ser consultada con una frecuencia menor. Son por tanto documentos e información que se conservan por pura función informativa y que responden a hechos que se produjeron en la organización y que se consideran completamente cerrados, a la espera de pasar al último de los archivos, el archivo definitivo o inactivo o a ser destruidos, una vez que haya concluido el plazo obligatorio para su conservación.

El archivo definitivo o inactivo

Este tipo de archivo va a contener toda la documentación e información que no va a volver ser consultada y que en algunos casos, ya ha sobrepasado incluso el tiempo obligatorio de conservación. Son en su mayoría documentos e información que poseen un valor histórico y/o sentimental y de valor en sí mismos para la organización, como por ejemplo la primera factura realizada a un cliente, el primer contrato de compraventa, las escrituras de constitución de la organización, etc.

En este archivo se conservará la documentación hasta que los componentes de la organización, estimen oportuno su destrucción definitiva.

Por último, estos tres tipos de archivos, se pueden clasificar en archivos centralizados o descentralizados. Serán archivos centralizados si todos y cada uno de ellos, se encuentran en una misma ubicación habilitada para tal efecto, es decir, es el llamado archivo central que muchas organizaciones poseen, dado el elevado volumen de documentación que posee, requiriendo para ello incluso edificaciones dedicadas para tal efecto.

Los archivos descentralizados son aquellos en los que los distintos tipos de archivos, se encuentran ubicados en distintas localizaciones, dependiendo de los distintos departamentos, secciones o ubicaciones que posea la organización.

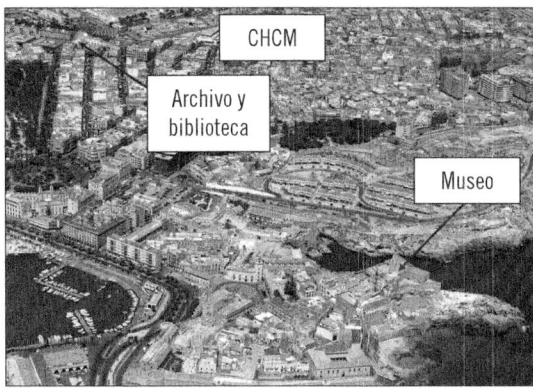

En la imagen se muestran las distintas localizaciones geográficas de los archivos
(Militar, Biblioteca, Museo, etc.) que el Ministerio de Defensa posee en la Ciudad
de Melilla.

7.4. Realización de copias de seguridad

En la actualidad, las organizaciones poseen tanto archivos físicos como archivos digitales, ya que los sistemas de registro de la información, como por ejemplo los ERP, generan gran cantidad de información y documentación.

Esta documentación e información generada por estos sistemas, se encuentra alojada en un primer momento en los servidores informáticos donde se alojan los sistemas de registro de la información. Por lo que a diario, los responsables del mantenimiento de estos sofisticados sistemas informáticos, tienen la tarea de realizar copias de seguridad de toda la información y documentación que contienen, para que en el caso de que se produjera un fallo en el sistema o, una violación de la seguridad produciéndose el borrado accidental o no de la información, esta pueda ser recuperada sin problema alguno.

Estas copias de seguridad se realizan en soportes digitales de alta capacidad como pueden ser discos duros o DVD; soportes, que son capaces de almacenar gran cantidad de datos a la vez que son completamente fiables y estables.

Así pues, la clasificación de archivos en activo, semiactivo e inactivo o definitivo, puede ser aplicada sin ningún problema a los archivos informáticos, ya que toda la información que puede ser almacenada en dichos archivos, también puede ser almacenada en estos soportes informáticos.

 Sabía que...

Las copias de seguridad o copias de respaldo, del inglés *backup,* son copias de los datos originales, siendo muy útiles ante la pérdida fortuita o no de información, modificación, eliminado accidental o infección por virus, ya que la pérdida de datos es muy común.

8. Instrumentos de organización de información y documentación en consumo

La cantidad ingente de material documental y/o información que se genera constantemente en las distintas fuentes de información existentes en la actualidad, hace necesario un conjunto de instrumentos que sirvan para la catalogación, indización y clasificación de la información y/o documentación, con el único fin, de poder realizar una futura recuperación desde el punto de vista de la eficiencia y la eficacia.

8.1. Manual de archivo y clasificación de documentos

Un concepto clave a tener en cuenta en todo proceso de archivo y clasificación de la documentación, independientemente de la materia a tratar, es el llamado control bibliográfico, el cual se define como aquel conjunto de información necesaria para la realización de todo proceso de adquisición y catalogación de los documentos.

El control bibliográfico, es la mejor forma en la que se puede organizar toda la información y/o documentación, independientemente de su naturaleza, soporte y posterior recuperación. Por tanto, es imprescindible, conocer cuáles son los datos necesarios para poder registrar un libro, un artículo, un informe, etc., el establecimiento de esta clasificación y organización de datos con los que son registrados los documentos, es crucial para la posterior recuperación de la documentación y/o información demandada.

A medida que el archivo va aumentando su material, el número de datos necesarios para el registro de todo este material aumenta y en consecuencia, su manipulación, almacenamiento y control se vuelven más complejo.

A ese conjunto organizado de datos necesarios para el registro de la documentación que conforman el archivo, es lo que se denomina catálogo, el cual es una de las fuentes de información existentes y se puede clasificar:

- Por su extensión:

  - Catálogos colectivos: aquellos que recogen los registros de varios archivos con características comunes.
  - Catálogos generales: aquellos que recogen todos los registros del archivo.
  - Catálogos especiales: aquellos que recogen los registros de determinados documentos como por ejemplo diapositivas, microfilms, videos, etc.

- Por su uso:

  - Catálogos públicos: aquellos que tienen como finalidad la demanda de documentación y/o información de los usuarios del archivo.
  - Catálogos internos: aquellos que tienen como finalidad, servir a los administradores del archivo.

- Por su función:

  - Catálogos alfabéticos: aquellos que organizan sus registros, siguiendo un orden alfabético, ya sean de autores o materias.
  - Catálogos sistemáticos de material: aquellos que son alfabéticos por materias, pero que agrupan sus registros mediante un sistema lógico que representa el conocimiento humano.

■ Catálogos topográficos: aquellos que ordenan sus registros según el lugar que ocupan los documentos en los estantes del archivo.

Para la catalogación de la documentación, los usuarios se pueden ayudar de distintos tipos de instrumentos, como por ejemplo la catalogación por accesos por autor, por título, por idioma, por disponibilidad de la obra, por palabra clave, etc. Así, es importante realizar una correcta labor de clasificación de todos los datos necesarios para la catalogación de la documentación.

 Definición

Clasificación
Es la operación de organizar la documentación de una forma sistematizada, independientemente del soporte en el que se encuentre dicha documentación.

Los instrumentos por los que el usuario se puede ayudar para realizar una correcta clasificación de la documentación son:

■ Optar por una ordenación lógica de las actividades, funciones o áreas en las que se va a clasificar toda la documentación existente en el archivo.
■ Elaborar una cuadro de clasificación donde deberán aparecer todas las categorías que van a ser clasificadas.
■ Utilizar una nomenclatura adecuada a las categorías escogidas para la clasificación de la documentación.
■ Utilizar un orden jerárquico a la hora de clasificar la documentación, según la importancia de esta.
■ Informatizar el proceso de clasificación en función de las posibilidades de los propietarios del archivo.

Actividades

12. ¿Cuál es el objetivo principal de toda clasificación de documentación y/o información? Argumente la respuesta de manera razonada.

8.2. Catalogación e indización de documentos e información

La sociedad actual lucha constantemente con la labor ardua de realizar una correcta clasificación de toda la información y/o documentación que se genera constantemente con el fin de que pueda ser recuperada de forma rápida y en perfectas condiciones en función de las necesidades de los usuarios.

Para ello, y desde la creación de la ISA (Federación Internacional de las Asociaciones Nacionales de Normalización) y posteriormente con la ISO (Organización Internacional de Normalización), se procedió al establecimiento de distintas formas de catalogar los documentos de manera normalizada en todos los países. Un ejemplo es la utilización del código ISBN (Número Internacional Normalizado de Libros) con el fin de poder identificar cada libro editado.

Actualmente, las principales técnicas de catalogación utilizadas y en las que no intervienen las ventajas del uso de la informática son:

- La catalogación analítica, cuya función es la de describir la unidad bibliográfica que a su vez, forma parte de otra unidad bibliográfica.
- La catalogación de obras antiguas, tarea ardua y laboriosa donde se intenta respetar la fuente original de la transcripción.
- La catalogación alfabética de autores, la cual es una de las formas más comúnmente utilizadas.
- La catalogación por materias.
- La catalogación decimal universal, siendo este el sistema oficial de catalogación de las bibliotecas públicas españolas. Ejemplo: 3.-Ciencias Sociales; 31.- Derecho; 32.- Economía; 311.- Derecho Civil; 312.- Derecho Mercantil.

El uso de la informática mediante el *software* especializado en catalogación y archivo, conlleva una serie de ventajas e inconvenientes que todo administrador de un fondo documental debe tener presente. Como ventajas se encuentra la facilidad de su uso y la rápida recuperación de la información y/o documentación; como desventaja está el coste, en algunos casos elevado, debido fundamentalmente al diseño y elaboración del *software* de catalogación, así como el adiestramiento del personal necesario para su correcto funcionamiento.

El proceso consiste en la transformación, organización y posterior presentación de los documentos del archivo mediante procesos informáticos. Para ello, todo documento y/o información ha de estar en soporte informático y almacenado en una base de datos.

Este proceso de informatización de los documentos del archivo implica:

- Un exhaustivo análisis de todos sus costes y una determinación de su rentabilidad y eficiencia.
- Un correcto diseño del *software* adecuado a cada base de datos y a la organización a la que pertenece, así como sus exigencias de registro, almacenamiento y recuperación de la documentación y/o información.
- Formación del personal que se va a encargar de la gestión de dicha base de datos.

 Aplicación práctica

Eres el encargado del archivo y debes realizar una catalogación mediante el método decimal de la siguiente información y/o documentación.

- Economía. Economía general de los países. Descripción económica general de los países. Economía regional.
- Estudios biográficos y relacionados.
- Ciencias auxiliares de la historia económica.
- Historia Económica de Europa.
- Historia Económica de Asia.

Continúa en página siguiente >>

<< Viene de página anterior

▌ Historia Económica de África.
▌ Historia Económica de América del Norte.
▌ Historia Económica de América Central.
▌ Historia Económica de América del Sur.
▌ Historia Económica de Brasil.
▌ Historia Económica de Argentina.
▌ Historia Económica de Chile.
▌ Historia Económica de Ecuador.
▌ Historia Económica de México.
▌ Historia Económica de los estados sureños de EE. UU.
▌ Historia Económica de los estados del este de EE. UU.

SOLUCIÓN

10. Economía. Economía general de los países. Descripción económica general de los países. Economía regional.
11. Estudios biográficos y relacionados.
12. Ciencias auxiliares de la historia económica.
13. Historia Económica de Europa.
14. Historia Económica de Asia.
15. Historia Económica de África.
16. Historia Económica de América del Norte.
    16.1 Historia Económica de los estados sureños de EE. UU.
    16.2 Historia Económica de los estados del este de EE. UU
17. Historia Económica de América Central.
    17.1 Historia Económica de México
18. Historia Económica de América del Sur.
    18.1 Historia Económica de Brasil.
    18.2 Historia Económica de Argentina.
    18.3 Historia Económica de Chile.
    18.4 Historia Económica de Ecuador.

---

9. Aspectos legales de la archivística y actualización normativa

En la actualidad, para toda organización pública o privada, la información supone un activo de enorme valor que necesita ser protegida ante cualquier tipo de amenaza, ya que el robo, destrucción o modificación de esta, puede provocar graves daños al funcionamiento normal de las organizaciones.

Por ello, es necesario aplicar ciertas herramientas basadas en normativas y aspectos legales, que preserven la seguridad, confidencialidad e integridad de la documentación y/o información propiedad de las organizaciones públicas o privadas.

9.1. Normas en materia de seguridad, integridad y confidencialidad de la información

Una de las principales normativas en materia de seguridad, integridad y confidencialidad de la información es el conjunto de estándares desarrollados, entre los que destacan el conjunto de estándares ISO/IEC 27000.

Son una serie de normativas desarrolladas por ISO *(International Organization for Standardization)* y el IEC *(International Electrotechnical Commisison)* que proporcionan en su conjunto un adecuado marco normativo para la gestión de la seguridad de la información para cualquier organismo público o privado, independientemente de su tamaño.

 Sabía que...

España es el segundo país de Europa y el sexto del mundo por número de certificados de seguridad de la información, con más de 710 reconocimientos.

La norma estándar UNE EN ISO/IEC 27001:2023 de "Tecnología de la información. Técnicas de seguridad. Sistemas de Gestión de la Seguridad de la Información" supone la solución más correcta para la evaluación de los posibles riesgos que pueda sufrir la documentación y/o información, ya sean físicos, como por ejemplo incendios, inundaciones, vandalismo, acceso indebido, etc., así como lógicos, como por ejemplo virus informáticos, intrusión de extraños en el sistema o la denegación de servicios, estableciendo una serie de estrategias y controles que aseguran una total protección de la información.

Los beneficios del establecimiento de esta normativa en las organizaciones son evidentes:

- Establecimiento de una metodología de gestión de la seguridad clara y estructurada.
- Reducción del riesgo de pérdida, robo o corrupción de la información.
- Acceso a la información a través de unas medidas de seguridad.
- Revisión continuada de los posibles riesgos y sus controles.
- Incremento de la confianza de los usuarios de la información.
- Posibilidad de integración con otros sistemas de gestión como el ISO 9001, ISO 14001, etc.).
- Continuidad de las operaciones con normalidad después de un incidente de gravedad.
- Reducción de costes y aumento de la motivación y satisfacción del personal de la organización.
- Ventajas de *marketing/*marca.
- Certificación de un estándar internacional.

Por el contrario, la implantación de un sistema de gestión de la información, conlleva un coste no cuantitativo como es el "miedo" a los cambios que la organización va a tener que realizar para el correcto cumplimento de la norma. Otro de los inconvenientes es el coste económico que supone para la organización la implantación de la norma, así como las revisiones periódicas que va a realizar para continuar estando certificada en el estándar internacional.

Otra de las normativas que afectan a la seguridad, integridad y confidencialidad es la Norma UNE-ISO 30301:2019 Información y documentación. "Sistemas de gestión para los documentos". Requisitos.

En esta norma internacional se van a especificar los requisitos que debe cumplir todo sistema de gestión de la documentación, con el fin de apoyar la consecución de los fines de toda organización, por lo que será de ámbito de aplicación, a toda organización que desee:

- Establecer, implementar, mantener y mejorar un sistema de gestión documental para el apoyo de sus operaciones.
- Asegurarse el cumplimiento con la política de gestión documental establecida.
- Demostrar el cumplimiento de esta norma mediante la realización de autoevaluaciones, autodeclaraciones y la certificación del sistema de gestión documental por una organización externa o empresa certificadora.

Los beneficios de la implantación de un sistema de gestión documental mediante la implementación de la norma UNE-ISO 30301:2019 se manifiestan en las distintas áreas de la organización mediante:

- El cumplimiento de las actividades de la organización y prestación de los correspondientes servicios de manera eficiente.
- La optimización de la toma de decisiones.
- El soporte de las actividades de investigación y desarrollo.
- La protección de los intereses de la organización y los derechos de los empleados, clientes, etc.
- El apoyo de las actividades de promoción.
- El mantenimiento de la memoria histórica de la organización.

 Actividades

13. De todas las ventajas que conlleva para la organización la implantación de un sistema de calidad para la seguridad de la información, ¿cuál cree que es la más importante? Argumente la respuesta de manera razonada.

9.2. Protección de datos

Existe una disciplina jurídica que tiene como principal objetivo la protección de la intimidad y de los demás derechos fundamentales de las personas que, sobre la recopilación y uso de manera indiscriminada, se pueda hacer de sus datos personales.

?   Sabía que...

Son datos personales toda aquella información que forma parte de la esfera privada de una persona y que puede ser utilizada para determinar aspectos de su personalidad como por ejemplo los hábitos de consumo, sexo, edad, etc.

La protección de los datos se encuentra regulada en un marco jurídico básico formado por:

- La Constitución Española de 1978 en su artículo 18.4.
- Reglamento (UE) 2016/679 del parlamento europeo y del consejo de 27 de abril de 2016, relativo a la protección de las personas físicas en lo que respecta al tratamiento de datos personales y a la libre circulación de estos datos y por el que se deroga la Directiva 95/46/CE. (RGPD).
- Ley Orgánica 3/2018, de 5 de diciembre, de Protección de Datos Personales y garantía de los derechos digitales (LOPDGDD).
- Las instrucciones dadas por la Agencia Española de Protección de Datos.

Todo tratamiento de datos comienza con la recogida de estos:

- Verbalmente
- Por escrito
- Mediante el uso de formularios *online*
- Mediante la captación de imágenes
- Cualquier otro medio

En todo momento, la persona física o jurídica que recoge los datos debe cumplir con la obligación de informar al usuario que se le están recogiendo sus datos y por qué medio se realiza, así como solicitar el consentimiento para ello.

Por tanto, el consentimiento del afectado o usuario, es uno de los principios básicos que se establecen en el Título II de la Ley Orgánica 3/2018, debiendo ser este libre, inequívoco, específico e informado.

En función de los datos recogidos por la persona física o jurídica, estos gozarán de un determinado tipo de protección. Serán por tanto los datos relativos a la ideología, afiliación sindical, religión y creencias, origen racial, salud o vida sexual así como, los relativos a infracciones penales o administrativas, los que gocen de una especial protección.

La ley orgánica también regula el derecho a la portabilidad de los datos, a través del cual, el interesado puede transmitir a un tercero, sus datos personales o los generados durante la actividad de la empresa.

10. Resumen

Dada la elevada cantidad de documentación y/o información que se genera en la actualidad, ahora más que nunca es necesario un sistema de catalogación y archivo que satisfaga las necesidades de los demandantes de información.

Para ello, en primer lugar es necesario una correcta determinación de los contenidos, datos, tipos de documentos, etc. a catalogar y archivar, siendo la opción más adecuada para toda organización, la implementación de un sistema de registro de información y documentación, el cual, organice y controle todas y cada una de las fases de ciclo de vida de todo documento, haciendo más eficaces y eficientes todas las tareas a realizar.

La necesaria utilización de los archivos informáticos, indispensables en los sistemas de registro de información y documentación, hacen que la mayoría de las organizaciones opten por implantar uno, aunque ello no implique el abandono tanto de los soportes tradicionales de la información como los archivos físicos.

Las ventajas de la utilización de las nuevas tecnologías en materia de soporte de la información, ha provocado una explosión de información que con el paso del tiempo es necesario purgar, para ello se han establecido una serie de normas para la correcta destrucción de la información y/o documentación obsoleta que ha afectado incluso a los soportes de información convencionales.

Esta normativa no solo hace mención a los aspectos de la destrucción y conservación de la documentación, sino a aspectos tan importantes como es su seguridad, integridad y confidencialidad, poniendo especial atención a la protección de los llamados datos de carácter personal a través de la Ley Orgánica de Protección de Datos Personales y garantía de los derechos digitales (LOPDGDD).

Ejercicios de repaso y autoevaluación

1. Complete el siguiente texto.

   Lenguaje documental es todo _____ artificial de signos
   _____, que facilitan la _____ formalizada
   del contenido de los documentos para permitir la _____, manual o automática, de la _____ solicitada por los _____.

2. Según los tipos de lenguajes documentales existentes, estos pueden ser:

   _____
   _____
   _____
   _____
   _____
   _____
   _____

3. ¿Qué significa indización? Explíquelo brevemente.

   _____
   _____

4. Marque la opción correcta. Según su contenido, los encabezamientos de materia se
   pueden clasificar en:

   a. Encabezamientos simples o de un solo término.
   b. Encabezamientos seguidos de paréntesis.
   c. Encabezamientos geográficos.
   d. Encabezamientos formados por dos sustantivos.

5. **¿Qué diferencia existe entre palabras clave generales y palabras clave específicas? Explíquelo brevemente.**

_____
_____
_____
_____

6. **Complete el siguiente texto.**

Se denomina _____ al conjunto de elementos que se encuentran _____ de manera que se obtiene un determinado _____ distinto a una simple _____ de _____, es decir, se crea algo _____ a partir de la _____ de varios elementos _____.

7. **Señale si las siguientes afirmaciones son verdaderas o falsas.**

a. El nivel de control operativo corresponde con los sistemas de información transaccionales.

☐ Verdadero
☐ Falso

b. Una de las ventajas de la implantación de un sistema de información transaccional (ERP), es la existencia de una gran red de consultores y una red enorme de soporte por parte de los proveedores de este tipo de sistemas.

☐ Verdadero
☐ Falso

c. Todo sistema de información administrativa apoya el control de las operaciones que realiza la organización.

☐ Verdadero
☐ Falso

8. Marque la opción correcta. De las fases del ciclo vital de cualquier información y/o documento, la más importante es...

   a. La fase de captación.
   b. La fase de registro.
   c. La fase de modificación y/o actualización.
   d. La fase de consulta de la información.

9. Sopa de letras. Busque las siete funciones y servicios que desarrolla todo sistema de información.

A	I	Q	U	E	I	M	A	B	U	L	N	R	C
C	L	A	S	I	F	I	C	A	C	I	O	N	O
T	U	B	A	N	O	M	U	S	L	U	T	I	M
E	S	U	B	S	R	R	R	T	M	M	A	N	P
F	T	N	O	I	C	A	R	E	P	U	C	E	R
R	P	O	R	A	A	B	I	R	N	N	R	C	E
E	R	R	I	M	R	U	E	A	A	A	O	E	S
S	O	D	O	K	U	E	N	C	C	D	M	R	I
A	L	M	A	C	E	N	A	M	I	E	N	T	O
M	U	I	L	U	E	O	N	T	O	R	O	E	N
I	N	T	R	A	N	S	M	I	T	I	R	R	S
O	I	Ñ	E	R	I	I	A	K	I	S	T	T	B
S	C	R	I	M	O	N	S	R	O	G	A	O	Z
N	O	I	C	I	B	I	H	X	E	O	U	N	U

10. Marque la opción correcta. El formato ".sxw" es usado para formatos de...

    a. ... imagen.
    b. ... texto.
    c. ... video.
    d. ... web.

11. Los distintos sistemas de clasificación de la información se dividen en:

_____

_____

_____

_____

12. Marque la opción correcta. El nivel de acceso a la información más elevado es el...

    a. ... nivel de mantenimiento de la información no restringida.
    b. ... nivel de consulta de la información no restringida.
    c. ... nivel de mantenimiento de la información restringida o reservada.
    d. ... nivel de consulta de la información incluyendo la restringida.

13. Complete el siguiente texto.

Todo _____ conservará los _____, correspondencia, _____ y justificantes concernientes a su negocio,
debidamente _____, durante _____ años, a partir del
_____ asiento realizado en los _____, salvo lo que se establezca por disposiciones _____ o _____.

14. Marque la opción correcta. Una forma de clasificar los catálogos es por su función, pudiendo ser...

    a. ... catálogos públicos.
    b. ... catálogos generales.
    c. ... catálogos colectivos.
    d. ... catálogos topográficos.

15. Los datos de carácter personal son regulados por...

    a. ... la Ley Orgánica 3/2018 de 5 de diciembre.
    b. ... la norma UNE ISO/IEC 27001:2023.
    c. ... el artículo 18.4 de la Constitución Española.
    d. Las opciones a y c son correctas.

Capítulo 4
Bases de datos y centros documentales en consumo

Contenido

1. Introducción

Dada la gran cantidad de datos, información y/o comunicación tanto en consumo como de cualquier otra materia que se genera, procesa, almacena y recupera gracias a los sistemas de gestión de la información, es más que nunca necesario, que tanto los usuarios o demandantes de información, como los propios sistemas de gestión de la información, cuenten con enormes bases de datos y centros documentales, capaces de almacenar de manera organizada ingentes cantidades de información.

Para ello, el uso de las nuevas tecnologías en el procesamiento de la información, ha facilitado enormemente las tareas de registro, clasificación, almacenamiento así como de su recuperación. Grandes servidores informáticos, conectados ininterrumpidamente a Internet, donde se aloja la información en formato digital, son ahora las grandes bibliotecas del mundo, como en el antiguo Egipto lo fue, la biblioteca de Alejandría como centro de información y conocimiento del mundo.

2. Centros documentales y/o bancos y bases de datos en consumo: el CIDOC

En España, la Dirección General de Consumo, es el organismo perteneciente a la Administración General del Estado que ejerce las funciones de promoción y fomento de los derechos de los consumidores y usuarios.

Entre sus funciones, se encuentra la información, formación y educación de los consumidores. Para dicha labor de información, la Dirección General de Consumo, se vale del Centro de Información y Documentación del Consumo (CIDOC). El CIDOC, se encarga de la elaboración y difusión de la información necesaria a los consumidores y a las organizaciones y administraciones encargadas de la defensa de sus derechos.

El CIDOC ofrece una completísima base de datos en materia de información sobre consumo agrupados en dos grandes bloques temáticos:

- Un bloque jurídico que engloba la legislación y jurisprudencia de consumo.
- Un bloque bibliográfico, donde se encuentran reunidas todas las monografías, artículos y publicaciones periódicas, como revistas que son enviadas al CIDOC.

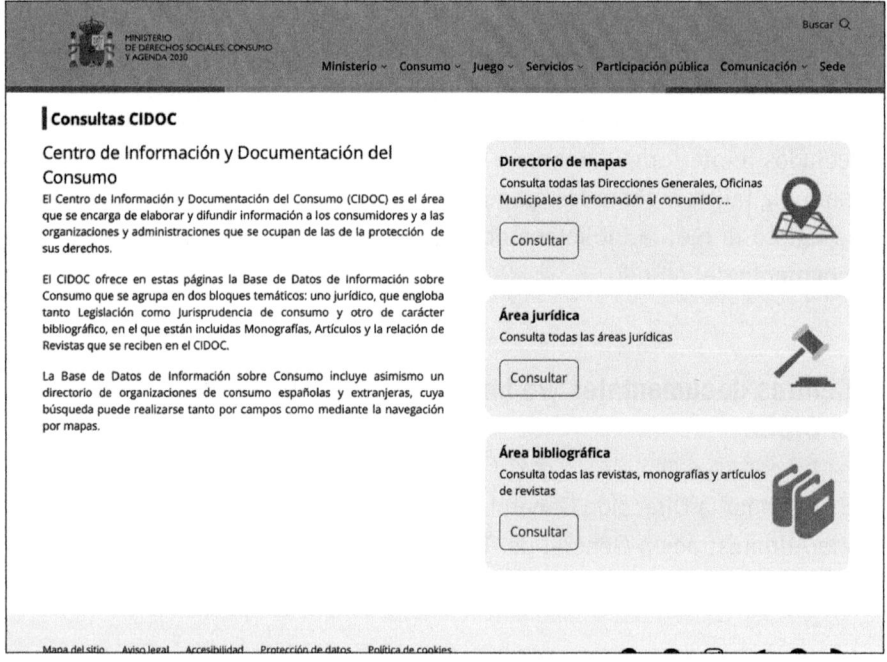

Página de Inicio de la Base de Datos del CIDOC

Además, la base de datos del CIDOC posee una herramienta de información estadística sobre consumo, que facilita la búsqueda de información en consumo tanto en fuentes públicas, privadas, nacionales o internacionales; a esta herramienta se la denomina "catálogo de fuentes".

Así mismo, el CIDOC ofrece la posibilidad al usuario de realizar la búsqueda de la información en consumo mediante Tesauro, el cual permite la elección del término o palabra clave adecuada para la consulta de la información y/o documentación.

Por último, la base de datos del CIDOC, incluye un directorio de organizaciones de consumo nacionales y extranjeras, pudiendo ser buscadas estas mediante la utilización de determinados campos o, mediante el uso de mapas geográficos.

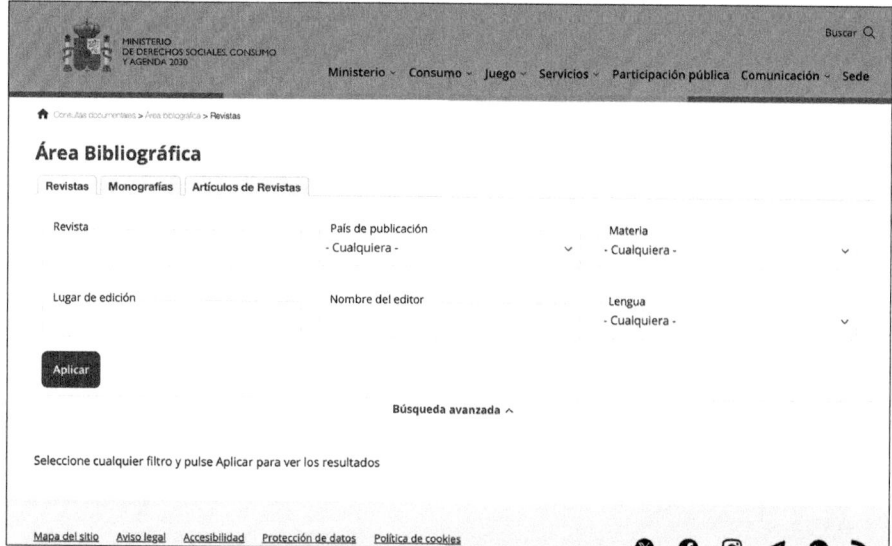

Página de consulta de la base de datos del CIDOC. En ella es posible la localización de la información y/o documentación deseada mediante diversas opciones.

En el área bibliográfica del CIDOC, se encuentra a disposición de los usuarios, un listado de revistas que son obtenidas mediante una búsqueda simple.

Estas se encuentran en diversos idiomas y ofrecen información en materia de consumo obtenida de diversas fuentes nacionales y supranacionales, así como de organizaciones como la Confederación de Consumidores y Usuarios (CECU).

Actividades

1. Enumere las distintas funciones y herramientas disponibles para el usuario en el CIDOC.

En el CIDOC es posible realizar las búsquedas en el área jurídica y en la bibliográfica, según se quiera consultar un área u otra. Dependiendo del área de búsqueda se encuentran distintas categorías principales. Concretamente se organizan de la siguiente manera:

- Área jurídica:

  - Legislación
  - Jurisprudencia

- Área bibliográfica:

  - Revistas
  - Monografías
  - Artículos de revistas

 Ejemplo

Los operadores mostrados anteriormente, no son exclusivos de este buscador, sino que se pueden utilizar en la práctica totalidad de los que están disponibles para los usuarios de Internet y que son de gran ayuda al realizar búsquedas de documentación en la red.

Para poder realizar el tipo de búsqueda precisa, el CIDOC dispone de una serie de operadores, los cuales van a devolver los documentos y/o información deseada en función de estos y de la sintaxis utilizada. A continuación, se relacionan los distintos operadores a utilizar:

OPERADOR	SINTAXIS	DESCRIPCIÓN
not, ^	not palabra1 ^palabra1	Devuelve todos los documentos que no contienen la "palabra1".
and, &, but	Palabra1 and palabra2 Palabra1 & palabra2 Palabra1 but not palabra2 Palabra1palabra2	Devuelve todos los documentos que contienen simultáneamente "palabra1" y "palabra2". Si no hay ningún operador entre las palabras, por defecto es "and".
or, I	Palabra1 or palabra2 Palabra1 I palabra2	Devuelve todos los documentos que contienen alternativamente "palabra1" o bien "palabra2".
within	Palabra1 palabra2 within N	"palabra1" y "palabra2", deben estar una detrás de la otra a una distancia de N palabras.
adj	Palabra1 palabra2 adj N	"palabra1" y "palabra2", deben estar una de otra a una distancia de N palabras. "palabra1" debe aparecer antes que "palabra2".
()	(palabra1 I palabra2) & palabra3	Los paréntesis se pueden usar para alterar la prioridad de los operadores pudiéndose abrir un paréntesis dentro de otro sucesivamente (anidamiento).
!	Palabra1!	Búsqueda semántica de "palabra1". Todas las variaciones semánticas de "palabra1" son agrupadas mediante el operador "or", es decir, se realiza la siguiente consulta (palabra1 or expansión1 or expansión2 or....or expansiónN).

 Actividades

2. ¿Para qué sirve el operador () a la hora de realizar una búsqueda precisa en el CIDOC?

En este buscador se recoge una gran cantidad de documentación jurídica organizada por tipo de legislación, rango, organismo emisor o incluso organizado por descriptores o palabras clave.

Página de búsqueda avanzada de legislación en la que se muestran parte de los descriptores que se pueden seleccionar

 **Ejemplo**

Si se desea realizar una búsqueda del término "comportamiento del consumidor" se deberán seleccionar los siguientes campos:

Consultas documentales > Área bibliográfica > Monografías > Título "Comportamiento del consumidor".

En este tipo de búsquedas se puede utilizar el carácter (*) asterisco como termino comodín, el cual va a representar a uno o varios términos.

Ejemplo

"prov*", en este caso CIDOC buscará "provisiones", "provisión", "provisto", etc.

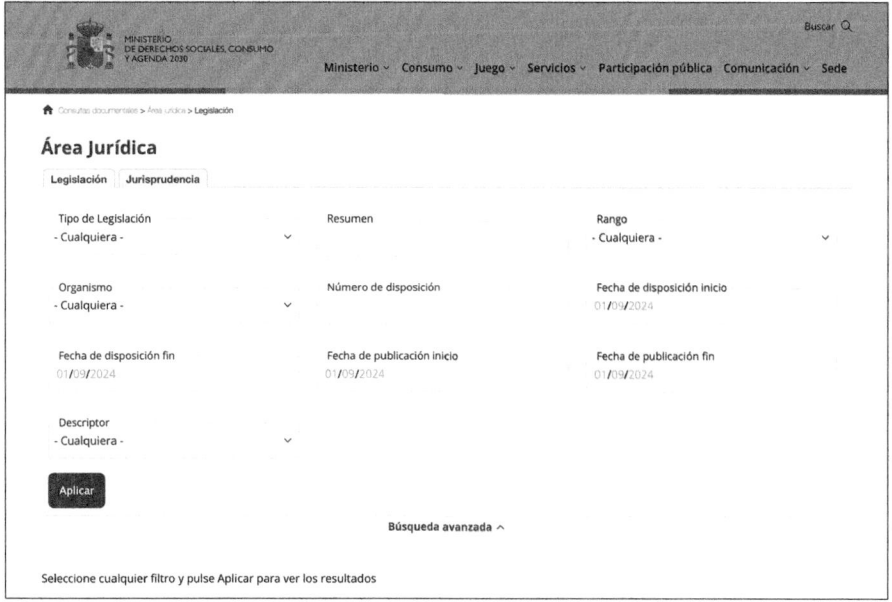

Consulta avanzada en la base de datos del CIDOC

Las búsquedas avanzadas son las más potentes que posee el CIDOC, ya que va a permitir al usuario localizar los términos deseados en todas las bases de datos de la Dirección General de Consumo. De los resultados recabados, el usuario podrá obtener la información deseada pudiendo seleccionar cualquiera de los términos para realizar una búsqueda más específica sobre ese término en concreto.

Actividades

3. De los diferentes tipos de búsqueda existentes en el CIDOC, indique cuál de ellas es la más ventajosa para el usuario así como las ventajas que posee frente al resto.

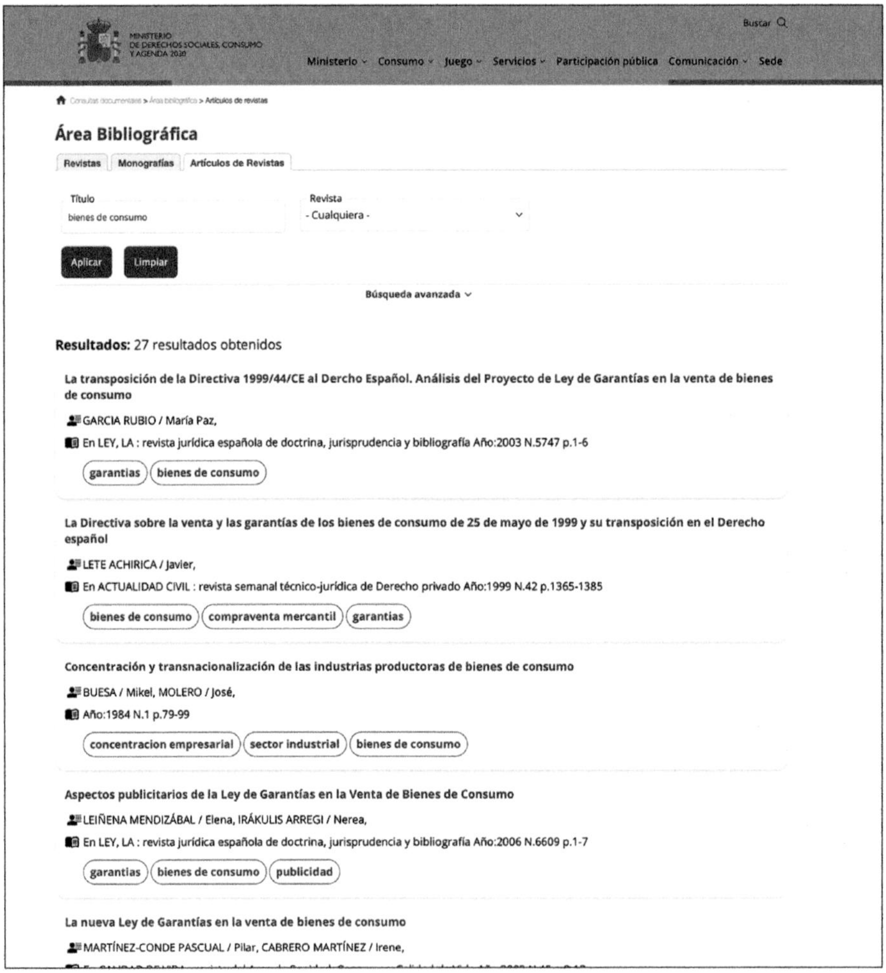

Página de consulta en la base de datos del área bibliográfica del término "bienes de consumo" en cualquier revista que esté registrada en la base de datos del CIIOOC.

Por tanto, el CIDOC, es una potentísima herramienta de búsqueda de información y/o documentación en consumo, compuesta por un elevado número de documentos almacenados en distintas bases de datos pertenecientes a la Dirección General de Consumo, dirigida tanto a usuarios profesionales como a todas aquellas organizaciones que demanden información en dicha materia, para la correcta realización de sus tareas y consecución de sus objetivos.

3. Planificación y diseño de un sistema gestor de base de datos según productos y sectores

Actualmente, las bases de datos son un elemento fundamental para toda organización y que está, considera como un activo en el que se han de invertir recursos, mantener y renovar constantemente. La información que contienen es de enorme valor para las organizaciones, hasta el punto de que estas, inviertan enormes recursos y esfuerzos, en mantener una seguridad extrema sobre la información contenida en sus bases de datos.

El auge de las nuevas tecnologías, ha dado lugar a una nueva forma de funcionamiento de las bases de datos, tratamiento y almacenamiento de la información, así como de su posterior recuperación. Las bases de datos tradicionales han dado paso a los modernos sistemas de gestión de bases de datos o SGBD en los que son necesarios un conjunto de programas *(software)* para acceder a los datos.

3.1. Información a incorporar

Un sistema gestor de bases de datos o SGBD, en inglés *Data Base Management System* (DBMS), no es más que un conjunto de datos que se encuentran relacionados entre sí, organizados y estructurados y que mediante la utilización de determinados programas, se puede acceder a ellos para su tratamiento y gestión.

Es evidente que los datos que se incorporan a la base de datos, son obtenidos por vía interna o externa a toda organización, por lo que su veracidad y calidad, ha de ser sobradamente demostrada bien por la fuente de la que son obtenidos, por la reputación de sus creadores, etc. Dependiendo de las necesidades de la organización, así como de la finalidad de dicha base de datos, serán requeridos unos datos u otros. En materia de consumo, y para la creación de una base de datos por sectores y productos, como norma común independientemente de las necesidades de cada organización, se necesitará:

- La identificación de los sectores productivos determinados por las necesidades de información de la organización, como por ejemplo: sector de la alimentación, textil, automoción, bienes y servicios industriales, etc.
- Los productos, ya sean bienes o servicios, de cada uno de los sectores demandados por la organización.
- Datos relativos a la producción, coste, precio, demanda, etc., de cada uno de los productos que componen los sectores incluidos en la base de datos.

 Actividades

4. Si regentara un comercio de venta y alquiler de DVD, ¿qué datos necesitaría para crear una pequeña base de datos para el establecimiento?

Todo gestor de un sistema de base de datos debe tener en cuenta que existen una serie de inconvenientes en cuanto a la información a incorporar y a la gestión de los datos incorporados:

- La redundancia e inconsistencia de los datos implica que un determinado dato puede aparecer duplicado y encontrarse más de una vez en un mismo archivo o en varios archivos distintos. Ello implicaría un mayor coste de almacenamiento así como de acceso a la información por la inconsistencia de los datos existentes en los archivos de la base de datos.
- Dificultad de acceso a los datos, ya que cada vez que el usuario demande una consulta no programada, se necesitará de una modificación del *software* necesario para ello.

- Se requiere de una separación y aislamiento de los datos ya que al encontrarse estos repartidos por varios archivos y tener distintos formatos, es difícil de asegurar su correcta manipulación.
- Problemas de seguridad en los datos, por lo que es necesario la implantación de complejos sistemas de restricción a la información para evitar el hurto, manipulación malintencionada, etc.

 Sabía que...

Unos de los inconvenientes más importantes en los sistemas gestores de bases de datos es la redundancia e inconsistencia de la información así como, la violación de la seguridad del sistema por usuarios sin acceso autorizado.

A pesar de estos problemas, los sistemas gestores de bases de datos (SGBD) son importantes aplicaciones informáticas que permiten a los usuarios el acceso, control y manipulación de los datos contenidos en la base de datos, prestando los siguientes servicios:

- La creación y definición de la base de datos en función de las características y necesidades especificadas por la organización propietaria de la misma.
- La correcta manipulación de los datos.
- El acceso controlado a los datos, evitando los consabidos problemas de seguridad.
- Permitir el acceso compartido a la base de datos por varios usuarios a la vez.
- El establecimiento de mecanismos de recuperación de la información y datos contenidos en la base de datos en caso de fallo del sistema.

3.2. Estructura de la base de datos: relacionales y documentales

Toda base de datos se estructura en dos grandes modelos, las bases de datos relacionales, y el modelo orientado a objetos. Existe un tercer modelo de menor relevancia, híbrido, que es denominado modelo objeto-relacional.

Base de datos relacionales

El modelo que en la actualidad es el más usado, es el modelo de base de datos relacionales. Este modelo está formado básicamente por un conjunto de tablas muy similares a las que nos encontramos en cualquier hoja de cálculo, formadas por filas, donde se van a encontrar los registros, y columnas donde aparecerán los campos que hacen referencia a esos registros.

Cada uno de esos registros alojados en cada celda de las filas que componen la tabla, van a representar a un objeto, a un dato que hace mención al campo de referencia de dichos objetos. El hecho de que se denomine modelo relacional, hace mención a la existencia de multitud de tablas, las cuales van a estar relacionadas entre ellas por un campo que va a servir de relación entre las tablas para que el usuario pueda realizar consultas complejas, pudiendo obtener información mucho más amplia. Estos campos que van a permitir las relaciones entre las tablas se van a denominar atributos, los cuales pueden ser tanto números enteros como reales, así como un conjunto de caracteres de determinada longitud.

Las relaciones que se pueden establecer entre las distintas tablas gracias a estos campos (atributos) compartidos pueden ser de tres tipos:

- **Relaciones de uno a uno.** Este tipo de relaciones se utiliza cuando un registro de una tabla solo puede estar relacionado con un único registro de otra tabla y viceversa. Por ejemplo: en el supuesto de que existan dos tablas, una con matrículas de vehículos y otra tabla con una lista de propietarios, evidentemente un solo vehículo puede tener un solo propietario.
- **Relaciones de uno a varios.** Este tipo de relaciones se establece entre un registro de una tabla (secundaria) que solo puede estar relacionado con un único registro de otra tabla (principal), y un registro de otra tabla (principal) puede tener más de un registro relacionado con la primera

tabla (secundaria). Por ejemplo: existen dos tablas, una con los datos de diferentes municipios y otra, con los habitantes; una población puede tener más de un solo habitante, pero un habitante solo puede pertenecer a un solo municipio.

■ **Relaciones de varios a varios.** Esta relación se establece cuando un registro de una tabla puede estar relacionada con uno o más registros de la otra tabla y viceversa. Por ejemplo: existen dos tablas, una con los datos de diferentes modelos de coches y otra con un listado de concesionarios; uno o varios modelos de coche pueden ser ofertados en más de un concesionario y un concesionario puede vender más de un modelo de coche.

Toda base de datos relacional, se estructura en dos grandes bloques:

■ El esquema, siendo básicamente la definición de la estructura de la base de datos con sus tablas, relaciones entre ellas y donde se almacenan los datos.

■ Los datos en sí, formados por el nombre de cada una de las tablas que conforman la base de datos, el nombre de cada campo o columna de cada tabla, el tipo de dato que conforma cada uno de los registros de las tablas y por último, la tabla a la que pertenece cada columna.

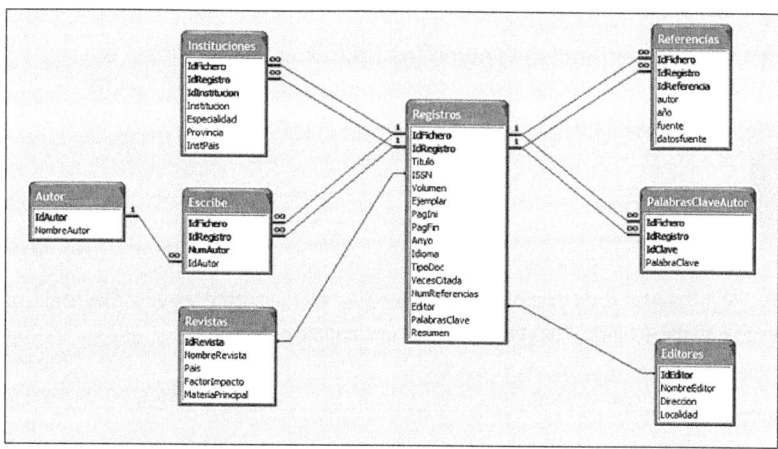

Estructura de una base de datos relacional, en la que se puede apreciar las distintas relaciones existentes entre las tablas que conforman la base de datos.

A la hora de que el usuario manipule la información contenida en una base de datos relacional, se utiliza el denominado lenguaje relacional, en concreto el álgebra relacional y el cálculo relacional.

No obstante, el lenguaje más común y utilizado para "construir" las consultas a realizar en la base de datos es el SQL *(Strcutured Query Language),* lenguaje estructurado de consultas.

En la actualidad existen varios *software* específicos para el tratamiento de las bases de datos relacionales. Este *software* es denominado SGBD, sistema de gestión de bases de datos, siendo algunos de los más comunes MySQL, Oracle, FireBird y Microsoft SQL Server. Parte del gran éxito de este tipo de bases de datos, se debe fundamentalmente a las enormes posibilidades que tiene este tipo de lenguaje de consulta, ya que posee:

- Comandos específicos para la definición y creación de las bases de datos.
- Comandos para la inserción, borrado o modificación de los datos contenidos en las bases de datos.
- Comandos específicos para las consultas de información.
- Capacidad para la realización de operaciones aritméticas.
- Capacidad para la realización de funciones matemáticas.
- Comandos específicos para la impresión de los datos, consultas, tablas, etc.
- Otro tipo de funciones como las funciones estadísticas, etc.

 Sabía que...

Uno de los sistemas de gestión de base de datos más conocido, es el *software* Microsoft Access, perteneciente al paquete Office de la compañía Microsoft.

Toda consulta realizada va a materializarse en otra tabla, la cual puede ser relacionada con las tablas originarias de la base de datos, formando así una nueva estructura que posibilita la creación de consultas aún más complejas.

Las ventajas e inconvenientes de este tipo de bases de datos son las siguientes:

- Poseen herramientas capaces de evitar la duplicidad de los datos contenidos en las tablas.
- Posibilitan la integridad referencial, por lo que al eliminar un registro, se eliminan todos aquellos que se encuentran relacionados.
- En ocasiones no soportan datos gráficos, multimedia, etc.

Base de datos documentales

Al igual que las bases de datos relacionales, las bases de datos documentales son un conjunto de información estructurada en registros y almacenada en soporte informático o electrónico. La base de datos documental, va a englobar diferentes modelos de bases de datos que se van a diferenciar básicamente por el contenido (tipo de documento que se describe) así como su estructura.

En una base de datos documental, cada uno de los registros que conforma dicha base de datos es o se corresponde con un documento, pudiendo ser este una publicación, archivo audiovisual, sonoro, gráfico, archivo electrónico, etc. Cada uno de estos registros podrá incluir o no dicho archivo, por lo que se pueden diferenciar las bases de datos documentales en:

- **Bases de datos de texto completo.** Son aquellas bases de datos cuyos registros están formados por los propios documentos y archivos de texto en sus distintos formatos.
- **Archivos electrónicos de imágenes.** Son aquellas bases de datos en las que sus registros están constituidos por enlaces directos a las imágenes.
- **Bases de datos referenciales.** Son aquellas bases de datos en las que en sus registros solo se encuentra la información necesaria para la correcta localización del archivo por parte del usuario, es decir, solo van a existir referencias sobre los documentos a consultar.

Una base de datos documental va a ser una base de datos bibliográfica, donde cada registro va a corresponder con una referencia del documento original que el usuario desea consultar.

La estructura de este tipo de base de datos, se va a componer de una serie de campos, los cuales van a hacer referencia a:

- Autor o autores del documento.
- Título del documento.
- Año de publicación del documento.
- Datos de la fuente.
- Idioma en el que se encuentra escrito el documento.
- Una clasificación en la que se encuentra el documento a consultar.
- Una serie de palabras clave que identifican al documento en cuestión.
- Un resumen breve del contenido del documento.

 Actividades

5. La dirección de un sitio web, ¿podría pertenecer a una base de datos documental? Razone la respuesta.

También, y dependiendo de las necesidades de los creadores y gestores de la base de datos, es posible agregar una serie de campos adicionales relativos a la siguiente información relacionada con el documento:

- Afiliación institucional del/los autores.
- País de edición del documento.
- Biblioteca o fondo documental donde se encuentra físicamente el documento.
- Otro tipo de información.

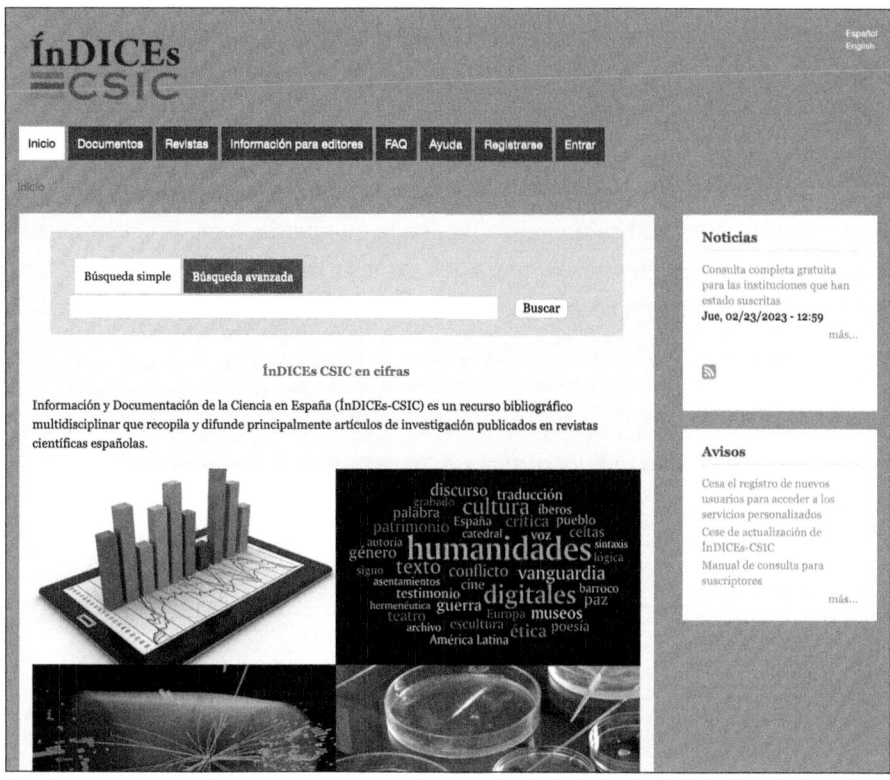

Ejemplo de búsqueda de información en consumo en una base de datos documental, donde aparecen todos los campos en los que se hace referencia al documento en cuestión.

 Actividades

6. Enumere las distintas semejanzas y diferencias entre las bases de datos documentales y las bases de datos relacionales.

3.3. Estructura y nomenclatura de las tablas en función del contenido

Las tablas que conforman la estructura de las bases de datos, se encuentran formadas por un número variable de campos, los cuales van a determinar el tipo de información que van a almacenar en sus registros identificándose estos, por el nombre del campo de la tabla a la que pertenecen. En el supuesto de una tabla que contiene la información de los clientes de una empresa, un campo obligatorio de dicha tabla "clientes" sería el "nombre" así como "apellidos", "dni", "dirección", "teléfono", etc.

A continuación, se presenta un ejemplo de tabla donde aparecen los distintos nombres de campo que identifican a los registros que contienen.

TABLA "CLIENTES"				
Nombre	Apellidos	DNI	Dirección	Telefono
Registro 1	Registro 1	Registro 1	Registro 1	Registro 1
Registro 2	Registro 2	Registro 2	Registro 2	Registro 2

El nombre del campo es por tanto un requisito indispensable a la hora de identificar los datos que contiene; dicho nombre del campo ha de cumplir las siguientes recomendaciones:

- Describir la información que almacena.
- Deberá tener una extensión lo suficientemente extensa para evitar tener que adivinar su significado o que resulte engorroso trabajar con él.
- No es aconsejable la utilización de símbolos o caracteres especiales que puedan ocasionar problemas con determinadas operaciones.
- No debe comenzar con espacios ni contener signos de puntuación.
- No pueden existir dos nombres de campos iguales.

De una manera más técnica, a la tabla se la denomina "relación", estando formada esta por atributos (nombre del campo) y tuplas (cada uno de los elementos de la relación).

A continuación, se presenta un ejemplo de tabla donde aparecen los distintos atributos y tuplas que puede contener:

Atributo 1	Atributo 2	Atributo 3	...	Atributo n	
valor 1,1	valor 1,2	valor 1,3	...	valor 1,n	◄—— Tupla 1
valor 2,1	valor 2,2	valor 2,3	...	valor 2,n	◄—— Tupla 2
...	...	...	...	...	...
valor m,1	valor m,2	valor m,3	...	valor m,n	◄—— Tupla m

Cada tupla o fila de registros tiene que cumplir una serie de requisitos, en concreto cada fila de registros se debe corresponder con un elemento del mundo real, no pudiendo existir dos tuplas iguales, es decir, que todos sus registros sean iguales.

A su vez, los atributos pueden llegar a contener una serie de posibles valores; es lo que se denomina "dominio", el cual puede utilizar dos posibles técnicas, la intensión o posibles valores que puede llegar a tener un determinado atributo como por ejemplo, la edad de los consumidores, donde solo se podría establecer un número entero y cuyo valor oscile entre 0 y 99 (años); la extensión, en la que se indican determinados valores y el resto se sobreentiende gracias a su autodefinición con el resto como por ejemplo, el dominio "localidad", pudiendo albergar "Soria", "Palencia", "Teruel", "Barcelona", "Puertollano", etc.

Otro de los aspectos a tener en cuenta en la estructura de las tablas es el grado, el cual indica el tamaño de la tabla en base al número de columnas de la misma. Evidentemente cuanto mayor sea el grado, más compleja es la manejabilidad de la tabla. Por último, se encuentra la cardinalidad, la cual muestra al usuario el número de tuplas de una relación, es decir, el número de filas de una tabla

A modo de resumen, en la siguiente tabla se establecen los distintos términos junto con sus sinónimos, que afectan a la estructura de una tabla.

Relación	=	Tabla	=	Fichero
Tupla	=	Fila	=	Registro
Atributo	=	Columna	=	Campo
Grado	=	N° de columnas	=	N° de campos
Cardinalidad	=	N° de filas	=	N° de registros

La clave de una tabla de una base de datos, se define como la columna o grupo de columnas que de manera exclusiva identifican a la tabla. Existen distintos tipos de claves:

- **Claves candidatas:** son el conjunto de columnas que identifican a cada fila de la tabla. En toda tabla existirá al menos una clave candidata.
- **Clave primaria:** es aquella que se escoge como identificador de las filas como por ejemplo, el campo DNI, sería la clave primaria para la tabla "clientes". En el caso de que existiese un campo "código de cliente", este sería mejor elección de clave primaria y por tanto, clave principal de esta tabla "clientes".
- **Clave externa, ajena o secundaria:** son todos aquellos atributos de una tabla cuyos valores se encuentran relacionados con los atributos de otra tabla. Es en este momento donde interviene lo que se denomina integridad referencial.

La integridad referencial sirve para indicar una clave externa sobre uno o más atributos, pudiendo solo contener valores relacionados con la clave principal de la tabla que están relacionando.

Supongamos dos tablas "Alquileres" cuya clave principal es el campo "código cod_cliente" y "Clientes", cuya clave secundaria es el campo "cod_cliente". Ambas tablas podrán estar relacionadas por dichos campos, no pudiéndose incluir un código en la tabla alquileres, que no se encuentre en la tabla clientes.

Ejemplo de tabla donde aparece la relación mediante integridad referencial

Alquileres				Clientes		
Cod_alquiler	Fecha	Cod_cliente		Cod_cliente	Nombre	Apellidos
1	12/09/20XX	121		97	Arturo	Crespo
2	12/09/20XX	121		113	Sara	Álvarez
3	15/09/20XX	97		121	Jose	Lopetegi
4	16/09/20XX	113		123	Alba	Pereira
5	16/09/20XX	129		129	Gonzalo	Pérez

Clave principal ⬆   ⬆ Clave secundaria

Aplicación práctica

Le han encomendado la tarea de confeccionar una pequeña base de datos de un videoclub. Para su creación necesita la siguiente información:

I Una tabla donde se almacenen los datos de las películas disponibles en alquiler.
I Una tabla donde se almacenen los datos de los socios del videoclub.
I Una tabla donde se almacene la información de los alquileres realizados por los socios.

Ha de tener en cuenta que las tres tablas deberán estar relacionadas entre sí por campos comunes para establecer la clave primaria y secundaria. Los campos que incluirán las distintas tablas han de ser los indispensables para el correcto funcionamiento de la base de datos y por consiguiente del videoclub.

SOLUCIÓN

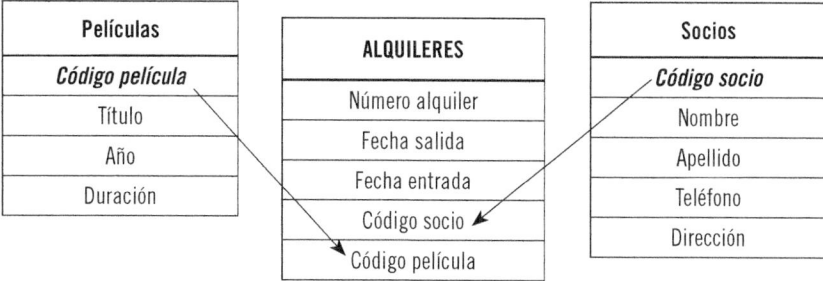

Continúa en página siguiente >>

<< Viene de página anterior

Clave primaria: "Código socio" y Código Película"
Clave secundaria (en la tabla alquileres): "Código socio" y Código película"

Clave primaria: "Código Socio" y "Código Película"

Clave secundaria (en la tabla alquileres): "Código Socio" y "Código Película"

3.4. Control de redundancia de la información

La redundancia de la información existente en una base de datos se produce cuando se almacenan los mismos datos varias veces en diferentes lugares de dicha base de datos. Este hecho, provoca serios problemas en las bases de datos ya que:

- Produce un incremento del trabajo realizado por usuarios de la base de datos, ya que al estar la información en distintos lugares, hace que cuando los datos han de ser grabados o actualizados, deben ser hechos en todos y cada uno de los lugares donde se encuentran.
- Provoca un desperdicio del espacio de almacenamiento, debido a que si no es necesario el almacenamiento en distintos lugares a la vez, dicha información ocupa un espacio digital (número de *bytes)* mayor del que debería tener. A priori no parece un problema grave, pero en bases de datos grandes, donde los datos son almacenados repetidamente sin necesidad, puede llegar a ser un verdadero problema.
- Conlleva una inconsistencia de los datos almacenados. La inconsistencia en los datos se produce cuando los datos redundantes no son iguales entre sí, como por ejemplo cuando algunos datos son actualizados y otros no, pudiendo dar lugar a graves errores de interpretación de la información por parte de los usuarios de la base de datos.

En el caso de que la base de datos se encuentre perfectamente diseñada, con casi total seguridad, no existirá redundancia en los datos que contiene a excepción, de la redundancia controlada de datos, la cual es empleada para la mejora en el rendimiento en el momento de realizar las consultas a la base de datos por parte de los usuarios de la misma.

En este punto, es primordial distinguir entre redundancia y duplicidad de los datos, ya que ambos son conceptos diferentes; la redundancia se produce durante el diseño de la base de datos, dando oportunidad a la base de que se puedan duplicar los datos contenidos en ella mientras que la duplicidad, se produce durante el ingreso de los datos en el sistema informático. Tanto uno como otro han de ser evitados y eliminados. Para ello, existen varias herramientas y acciones.

 Recuerde

La redundancia se produce en el diseño de la base de datos, permitiendo al sistema poder duplicar los datos que contiene, mientras que la duplicidad se produce al ingresar los datos por parte del usuario.

La redundancia de la información es posible evitarla mediante la utilización de sistemas gestores de bases de datos, los cuales poseen procedimientos que se encuentran diseñados con el objetivo de mantener la integridad, seguridad y confidencialidad de la base de datos. Otra manera de controlar dicha redundancia de la información es precisamente mediante el propio uso controlado de dicha redundancia.

 Ejemplo

Cuando se almacenan en la base de datos de un instituto de manera redundante "Nombre Estudiante" y "NúmCurso" en un archivo denominado INFORME-NOTAS porque, siempre que algún usuario quiera recuperar un dato de dicho archivo, se recuperaría el nombre del estudiante, el curso al que pertenece además de su nota junto con, el número de estudiante y el identificador de su sección. El hecho de colocar todos estos datos juntos, facilita la búsqueda de la información sin la necesidad de consultar varias tablas de datos.

En el caso de la duplicidad de la información, sería conveniente que los propios sistemas gestores de bases de datos, posean herramientas o mecanismos para evitar la introducción de registros duplicados así como, de que por parte del usuario al cargo de la base de datos, se encuentre este perfectamente capacitado para su manejo y evite la introducción manual de los datos de forma duplicada.

Actividades

7. Enumere los tipos de claves de una tabla de base de datos y las funciones que poseen.

3.5. Determinación de los administrador/es responsable/s del sistema

Durante el proceso de diseño, desarrollo y manipulación de las bases de datos, interviene un elevado número de personas las cuales, van a desempeñar un rol específico dentro del proceso de gestión de todo sistema gestor de base de datos.

De entre los usuarios profesionales, los cuales van a definir y preparar las bases de datos se pueden clasificar en:

- **Directivos:** son aquellas personas que van a decidir sobre los recursos que se van a utilizar para el correcto desarrollo del proyecto de creación del sistema de gestión de base de datos.
- **Analistas:** son aquellas personas encargadas por los directivos para controlar el desarrollo del proyecto de creación de la base de datos.
- **Administradores:** son aquellas personas encargadas de la gestión del sistema gestor de base de datos; realizarán las copias de seguridad, gestionarán a los usuarios dando permisos de acceso y creando las distintas tablas y objetos necesarios en toda base de datos.

■ **Mantenimiento:** son las personas encargadas de dar soporte a los usuarios en el día a día de trabajo con el sistema gestor de base de datos.

Por otro lado, existe otra clasificación de personas no profesionales y que pueden denominarse como usuarios y los cuales se clasifican en:

■ Expertos
■ Habituales
■ Ocasionales

De entre todos estos tipos de usuarios (profesionales o no), se puede afirmar que uno de los más importantes o que posee una mayor responsabilidad, lo que conlleva un mayor nivel de privilegios, será el administrador de la base de datos. Por ello, toda organización ha de procurar que exista el menor número de individuos que poseen este tipo de rol, siendo lo más común dentro de las organizaciones que sea solo una persona la que ocupa tal puesto.

Todo administrador de una base de datos debe cumplir con una serie de funciones a saber:

■ Instalar el sistema de gestión de base de datos en el sistema informático de la organización.
■ Crear las bases de datos necesarias.
■ Crear y mantener la estructura de cada una de las bases de datos que componen el sistema gestor.
■ Crear y mantener las distintas cuentas de los usuarios de las bases de datos.
■ Colaborar en las tareas de formación de los usuarios que van a poder acceder a las bases de datos.
■ Efectuar las tareas de explotación de las bases de datos:

▮ Efectuar copias de seguridad.
▮ Controlar el acceso de los usuarios a las bases de datos.
▮ Ajustar y optimizar las bases de datos.
▮ Etc.

 **Actividades**

8. Desde su punto de vista, argumente de forma razonada quién o quiénes serán las personas encargadas de la eliminación y/o control de la redundancia de la información, teniendo en cuenta la clasificación de los usuarios profesionales de toda base de datos.

3.6. Claves y niveles de acceso a usuarios

Toda base de datos o sistema gestor de base de datos, posee mecanismos para evitar que determinados usuarios accedan a la información que contienen dichas bases de datos. Para ello, se establecen una serie de roles de usuario en función de los distintos niveles de acceso que pueden poseer los usuarios.

Al igual que cada base de datos es diseñada en función de las necesidades de la organización, esta a su vez va a determinar los distintos roles de usuario existentes en su base de datos así como, el acceso a los distintos niveles de dicha base de datos a los que van a poder acceder en función de los privilegios que son asignados al rol en cuestión.

No obstante, en casi todas las bases de datos van a existir dos tipos de roles, fijos y flexibles. Los roles fijos son aquellos que se encuentran predefinidos en las base de datos desde justo el inicio del diseño de la propia base de datos, mientras que los flexibles, son roles creados con posterioridad al diseño de la base de datos, pudiendo ser estos modificados, eliminados o crear otros nuevos. Dependiendo del tipo de rol asignado al usuario, este va a poder realizar una función u otra. Hay que tener en cuenta que los roles fijos parten desde el inicio de diseño de la base de datos con un privilegio mayor que los flexibles.

 Consejo

No se deben establecer roles flexibles con atribución de rol fijo, ya que podría provocar un aumento de los privilegios en roles inferiores no deseados.

Por último, todo rol creado fijo o flexible, para el acceso de la información contenida en la base de datos, va a requerir de una clave o contraseña. Una clave o contraseña, en inglés password, es una forma de autentificar al usuario que accede a la base de datos. El conocimiento del dicha clave va a permitir al usuario que la posee, el acceso a la base de datos así como, realizar todas y cada una de las funciones que dicho rol tiene asignadas.

3.7. Restricción de datos: niveles de consulta, actualizaciones, generación de informes

Para todas las organizaciones que poseen una gran base de datos, toda la información contenida en ellas, es un activo a proteger de los accesos mal intencionados o que puedan provocar la modificación, pérdida o robo de la información.

Para ello, todo sistema gestor de bases de datos posee una serie de restricciones, ya no a determinados usuarios que posee uno u otro nivel rol o nivel de acceso, sino una restricción de datos. De hecho, todo usuario no va a tener acceso a todos y cada uno de los datos que conforman las distintas bases de datos, independientemente de si posee o no acceso a la parte del fichero donde se encuentran alojados dichos datos, que por su naturaleza no deban ser accesibles a los usuarios.

Los niveles de consulta son por tanto una restricción de los datos, los cuales no van a posibilitar su consulta independientemente de si el usuario posee acceso al fichero que contiene dichos datos. Por ejemplo, en una organización donde en un departamento contable se encuentra compuesto de cuatro personas, y donde todas ellas tienen acceso a los datos contenidos en las cuentas contables, solo un miembro de dicho departamento va a tener acceso para poder consultar determinados datos de las cuentas contables como son los importes de las nóminas, gastos de representación, cuentas bancarias, etc.

Del mismo modo que no todos los usuarios que comparten un mismo nivel de acceso a la información, van a poder consultar determinados datos, tampoco van a poder realizar actualizaciones de los mismos, ya que la actualización de estos, conlleva la consulta de los datos. La consulta de los datos no conlleva una actualización, pero una actualización sí conlleva necesariamente una consulta de los datos a actualizar.

En el caso de la generación de informes realizados con la información contenida en las bases de datos, determinados informes relacionados con la toma de decisiones estratégicas para la empresa, solo va ser posible que sean realizados por determinado personal, normalmente alta dirección de la organización, debido a la sensibilidad de la información que dicho informe puede contener.

Por tanto, un control en la creación de los distintos niveles de acceso de los usuarios que acceden a la información contenida en la base de datos, conlleva necesariamente a una restricción de los datos contenidos en dicha base de datos, ya que ambas acciones caminan en la misma dirección, evitar el acceso a determinada información por las personas no deseadas.

 Actividades

9. Argumente de manera razonada la siguiente afirmación posicionándose a favor o en contra: "todos los usuarios con idéntico rol y nivel de acceso, pueden consultar los mismos datos".

3.8. Sistemas y controles de seguridad: pérdida, modificación o destrucción fortuita de datos

El hecho de que los datos contenidos en una base de datos informática sean registros electrónicos y no físicos, hace que sean más susceptibles de manipulación, destrucción, fraude, error y abuso. Además, cuando los sistemas informáticos fallan por diversos motivos, ya que no hay que olvidar que son máquinas, las organizaciones experimentan la sensación de pérdida de memoria y capacidad de operar, lo que indudablemente conlleva a la empresa a una pérdida de dinero que dependiendo del siniestro, puede ser muy considerable.

Todos los datos contenidos en sistemas informáticos se encuentran ante la posibilidad de ser perdidos para siempre por fallos en el *hardware* y *software* por incendio, problemas eléctricos, etc.; o bien por fallos cometidos por el personal debido a los errores cometidos, robo de información, etc., así mismo, en la actualidad, se producen mediante *software* malintencionado (virus) el robo de información o simplemente la pérdida o eliminación de la misma, provocando aún si cabe, más daño a la organización.

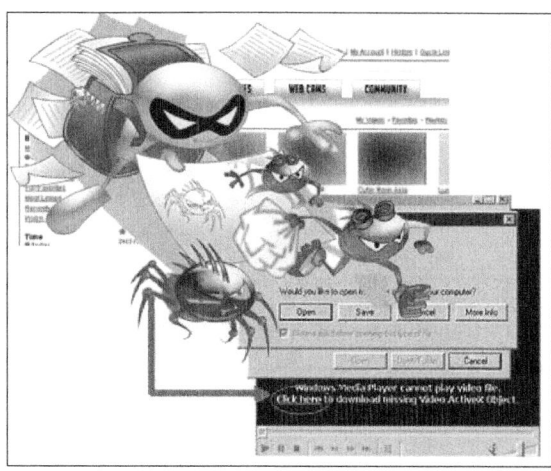

El robo de la información mediante el acceso a ella a través de Internet, es uno de los principales delitos cometidos en el ciberespacio.

Por ello, las organizaciones gastan ingentes cantidades de recursos en sistemas y controles de seguridad de sus sistemas gestores de base de datos, con el único fin de evitar la pérdida, modificación o de sustracción de los datos por diversas causas, voluntarias o involuntarias.

Para ello, se establecen una serie de controles como pueden ser:

- Controles generales, diseñados desde el comienzo de la creación del sistema gestor de base de datos, con el fin de controlar el propio diseño, la seguridad y el uso de los programas utilizados en la organización y concertados con el sistema gestor.
- Controles realizados al propio *hardware* del sistema gestor, para evitar los daños físicos producidos en los equipos que contienen el *software* que hacen funcionar a las bases de datos.
- Controles de seguridad de acceso a los datos mediante el uso de roles, niveles de acceso y contraseñas, evitando al máximo el acceso no deseado de usuarios que puedan dar un mal uso a la información contenida en las bases de datos.
- Controles administrativos, permitiendo establecer una serie de reglas y procedimientos para asegurar una correcta interacción entre los usuarios y el sistema gestor de base de datos.
- Controles de entrada, procesamiento y salida de los datos en el sistema gestor de base de datos, asegurando la verificación de los datos a la hora de ser introducidos por el personal al cargo, un correcto procesamiento de los mismos así como, asegurar que la salida de los mismos en el momento de la consulta, sea la correcta.
- Uso sistemático de las copias de seguridad por parte de los administradores del sistema gestor, para evitar en caso de fallo del sistema, la pérdida, modificación o eliminación fortuita de los datos contenidos en las bases de datos.
- Implantación de sistemas de seguridad en el ámbito del control de acceso a la base de datos por medio de virus, *hacker,* etc.

 **Actividades**

10. De entre los controles que las organizaciones establecen para evitar el robo, manipulación, mal uso, modificación, etc., de la información, según su punto de vista, ¿dónde cree que las organizaciones deberían realizar un mayor esfuerzo, en medidas de prevención o en la protección de sus bases de datos?

4. Operaciones básicas de bases de datos en hojas de cálculo

Toda base de datos se encuentra estructurada en un número variable de tablas, las cuales se encuentran formadas por filas y columnas, donde se van alojando progresivamente los registros que contienen los datos.

Al igual que las bases de datos, las hojas de cálculo son un tipo de documento electrónico que se encuentra formado por tablas compuestas por celdas organizadas en forma de matriz (filas por columnas), por lo que es posible crear con relativa facilidad, una base de datos mediante este tipo de documento sin necesidad de utilizar un sistema gestor de base de datos.

Los distintos tipos de hojas de cálculo existentes en el mercado, ya sean de *software* libre o cerrado, permiten a cualquier usuario, confeccionar su propia base de datos, sin necesidad de utilizar unos recursos excesivos.

4.1. Apertura, cierre, compactación y reparación de una base de datos

Todos los tipos de hojas de cálculo existentes en la actualidad en el mercado, poseen prácticamente la misma estructura y funcionamiento, siendo la más conocida y comercializada Microsoft Excel, integrada en el conocido paquete Office, que pertenece a la empresa Microsoft así como LibreOffice, *software* ofimático libre desarrollado por "The Document Foundation" en 2010. Las restantes, independientemente si son de *software* libre o cerrado, comparten muchas similitudes y casi todas, por no decir todas, las funciones que pueden realizar con los datos.

Mediante una hoja de cálculo, su utilización como base de datos se realiza mediante el uso de lo que se denomina "lista", es decir, un conjunto de datos organizados en filas, siendo esta primera fila, los títulos de las columnas o nombre de los campos que van a contener los datos.

Sabía que...

La migración de datos es la operación por medio de la cual se importan datos de un sistema gestor a otro, como por ejemplo del *software* Access a Excel.

Este tipo de base de datos en hojas de cálculo son muy útiles, ya que además de almacenar la información, es posible realizar una serie de operaciones con los datos, permitiendo analizarlos de una forma cómoda, rápida y sencilla. Además, permite la opción de obtener los datos desde un *software* específico de base de datos (como por ejemplo Access, de Microsoft Office) sin necesidad de realizar el ingreso de estos de forma manual y, respetando la estructura de las tablas existentes en la base de datos de origen.

Para la creación de una base de datos en una hoja de cálculo, existen varias opciones. Una primera que sería la más laboriosa, en la que el usuario debería diseñar las distintas tablas que van a conformar la base de datos e introducir, manualmente uno a uno, todos los datos que va a contener dicha base de datos, y una segunda opción, mediante la función de obtener datos externos desde una base de datos.

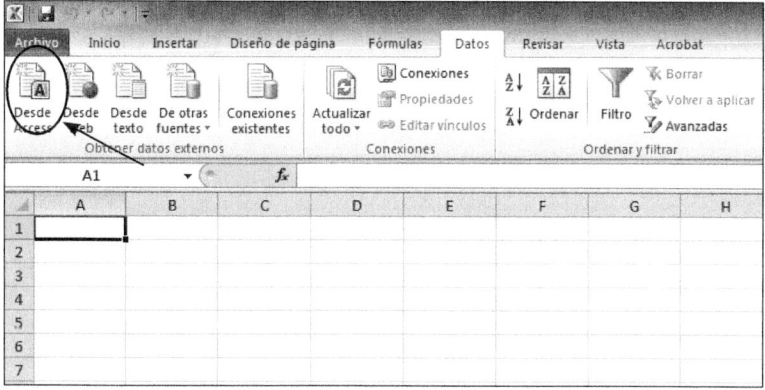

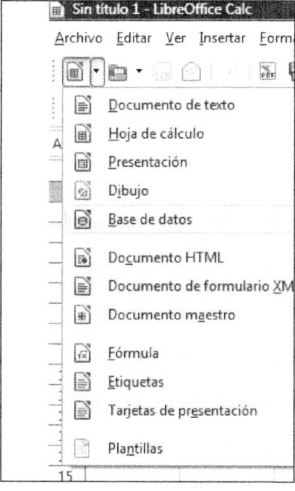

Hoja de cálculo donde aparece la opción de obtener datos (en la pestaña datos) desde una base de datos externa como por ejemplo Access o la opción de importar los datos desde una base de datos a Calc de LibreOffice.

Una vez que la hoja de cálculo posee todos los registros que conforman la base de datos, solo restaría ir agregando los datos restantes que van surgiendo con el trabajo diario. Esta acción con el paso del tiempo puede dar lugar a problemas que afecten al rendimiento de la hoja de cálculo, así como provocar daños en los datos que contiene. Para ello, se utiliza una opción que se denomina compactación y reparación.

Para realizar las tareas de compactación y reparación, es necesario realizar una copia de seguridad de la base de datos contenida en la hoja de cálculo mediante la opción de guardar información de autorrecuperación, de esta forma, cada vez que se cierra la hoja de cálculo, se guarda una copia de seguridad que es modificada, cada vez que el archivo es guardado. De esta forma, es posible una recuperación de los datos en caso de daño en la hoja de cálculo y una satisfactoria recuperación de los datos almacenados en ella.

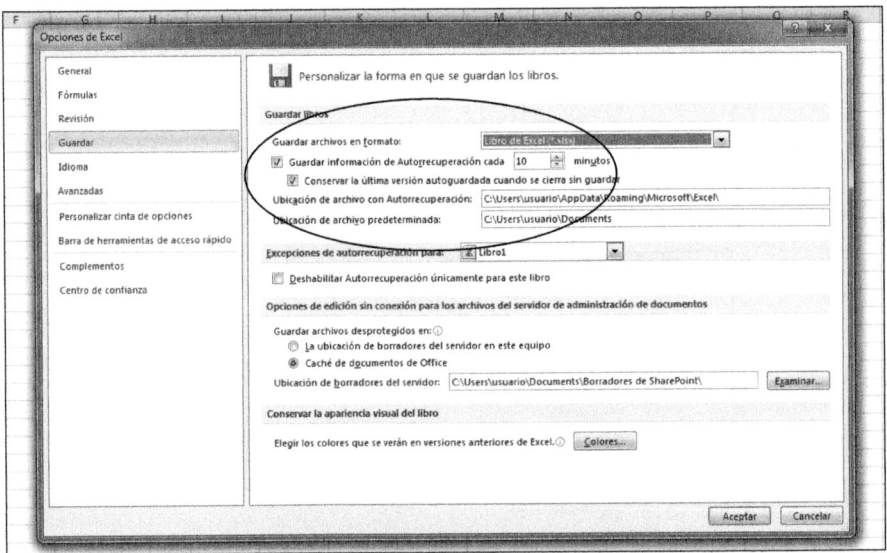

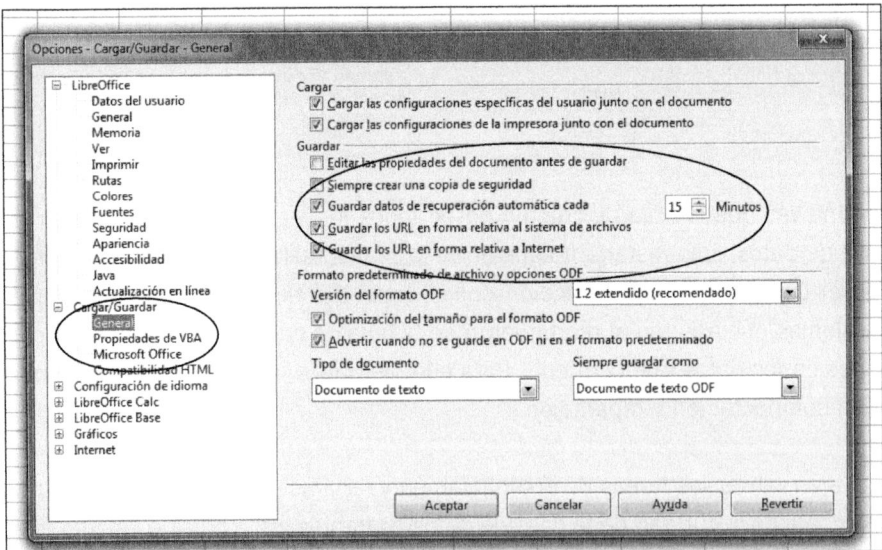

Opción de guardar la hoja de cálculo mediante la autorrecuperación, consiguiendo así evitar una posible pérdida de datos por fallo en el archivo o por error en la manipulación. Esta opción se encuentra tanto en Excel de Microsoft como en Calc de LibreOffice.

Una vez que esta opción de autorrecuperación se encuentra activada, permitiendo incluso el *software* programarla cada cierto tiempo además de cuando el archivo es cerrado por el usuario, este puede tener la seguridad de que constantemente va a tener una copia de todos los registros contenidos en su base de datos a pesar de que pueda sufrir una pérdida de los mismos por cualquier motivo.

 Actividades

11. Argumente de manera razonada, la importancia que poseen las hojas de cálculo como gestores de bases de datos. Indique las ventajas y desventajas de su utilización.

4.2. Cifrado y descifrado de una base

Toda hoja de cálculo va a permitir las opciones de cifrar y descifrar los datos contenidos en la misma, con el único fin de evitar problemas de inseguridad, robo, manipulación, así como controlar a los usuarios que tienen acceso a los datos.

Para ello, permite proteger los archivos de la hoja de cálculo mediante una contraseña (cifrado), lo que va a permitir que solo y exclusivamente los usuarios autorizados que poseen dicha contraseña, puedan tener acceso a los datos y a su manipulación. Además, es posible la protección mediante contraseña de determinadas partes u objetos de la hoja de cálculo, para evitar que alguien modifique, mueva o elimine datos importantes contenidos en ciertas partes de la misma.

Para el establecimiento de una contraseña mediante cifrado avanzado en una hoja de cálculo, es necesario utilizar la opción de seguridad, pudiendo especificar dos contraseñas independientes que pueden describir a dos tipos de usuarios:

- Aquellos que pueden abrir y ver el archivo de hoja de cálculo.
- Aquellos que pueden modificar el archivo de hoja de cálculo, concediendo el permiso necesario a los usuarios que poseen acceso a la hoja para su modificación, y que dicha modificación sea guardada.

 **Consejo**

Se consigue una seguridad óptima asignando contraseñas para abrir y ver el archivo y posteriormente, especificar qué usuarios pueden tener permiso para la modificación del mismo.

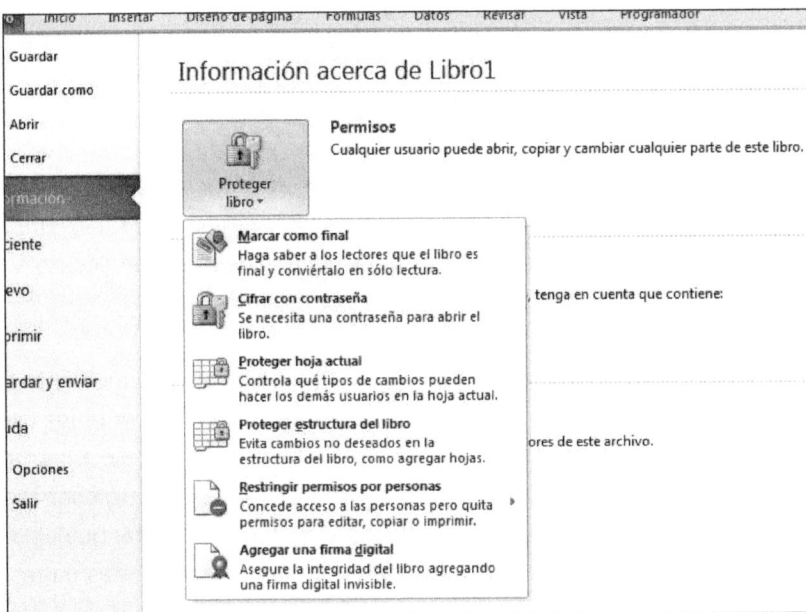

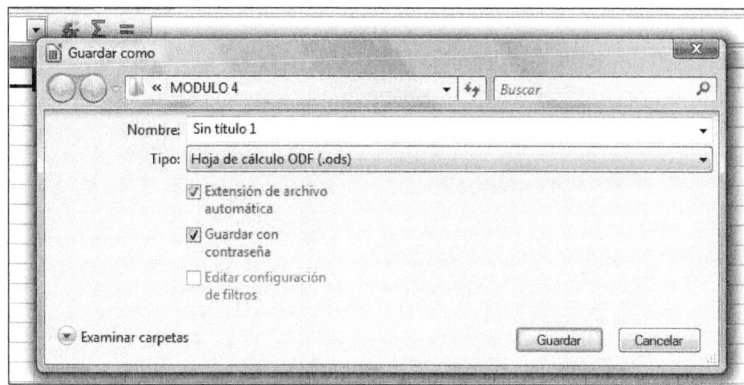

Opción de proteger mediante contraseña la hoja de cálculo o determinados objetos de la hoja de cálculo tanto de Microsoft Excel como Calc de LibreOffice

Al proteger una hoja de cálculo mediante una contraseña, se bloquean todas sus celdas, de manera que un usuario no puede realizar cambios en la celdas que se encuentran bloqueadas, dichos cambios afectan a la inserción de filas o columnas (modificando sustancialmente la tabla), modificando, eliminado o aplicando determinados formatos a las tablas o celdas que se encuentran bloqueadas.

4.3. Conversión de una base de datos

Cuando el usuario posee una base de datos en una hoja de cálculo, puede tener la necesidad de exportar dichos datos a un *software* específico de base de datos como por ejemplo Access, perteneciente al paquete Office de Microsoft.

Una de las grandes diferencias entre un archivo de base de datos y un archivo de hoja de cálculo, es que esta permite el trabajo con múltiples hojas a la vez, mientras que una base de datos, solo posee una hoja de trabajo. Por ello, toda hoja de cálculo permite la exportación de sus datos a un *software* de base de datos previa transformación del archivo a un formato distinto. Este formato debe ser sencillo y representar todos los datos contenidos en las hojas que posee el archivo de cálculo, en forma de tabla en la que las columnas son separadas por comas (o por puntos y comas) y las filas por saltos de línea.

Este formato es el denominado formato CVS, del inglés *comma-separated values.* Formato sencillo formado por texto y siendo un tipo de formato abierto, compatible con todos los *softwares* ya sean, libres o de pago.

Ejemplo de formato "csv", donde la información contenida en las tablas se representa mediante comas, puntos y comas y saltos de línea para representar la ubicación del dato en la columna y fila de la tabla de la base de datos.

Para realizar esta tarea, solo es necesario que el usuario guarde el archivo de la hoja de cálculo en el formato adecuado, mediante la opción **Guardar como.**

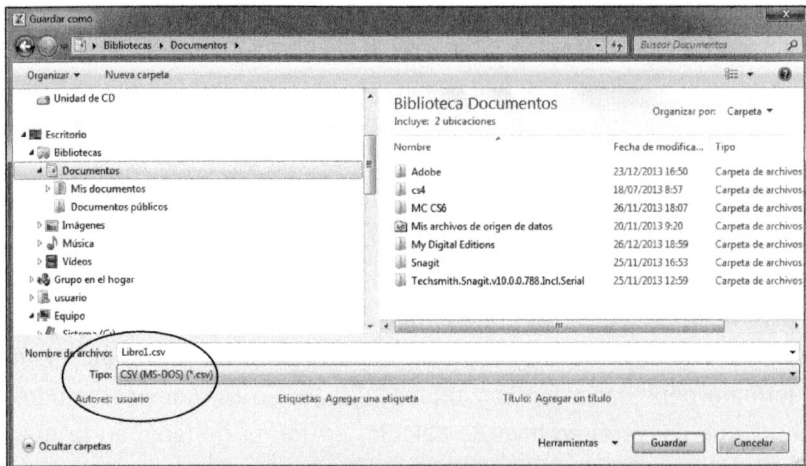

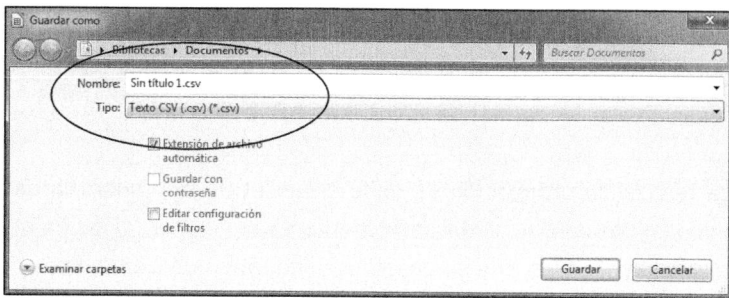

Opción de guardar la hoja de cálculo en formato "csv", compatible para su importación en un software de base de datos. Válido para Excel de Microsoft y Calc de LibreOffice.

 Actividades

12. Indique cuál es la principal ventaja fundamental de una hoja de cálculo frente a un *software* de base de datos y qué beneficios reporta al usuario.

4.4. Ordenación

Una de las acciones que permiten las hojas de cálculo con las listas de datos, es la de ordenar los registros en función de las necesidades del usuario. Esto va a permitir la localización de determinados registros con una mayor facilidad y comodidad.

Muy importante es que el usuario tenga claro sobre qué columna o columna de datos quiere ordenar los registros que contienen así como, el criterio de ordenación que prefiere. También es posible indicarle a la hoja de cálculo el orden en el que el usuario quiere realizar dicha ordenación, ya sea esta ascendente o descendente.

Un ejemplo de ordenación ascendente sería en el caso de los números del 1 al 9, en el caso de texto sería de la "A" a la "Z". También es posible ordenar de manera ascendente mediante fechas (del 01/02/20XX al 31/12/20XX), etc.

Por el contrario, en el caso de una ordenación descendente con números sería del 9 al 1, en el caso de texto de la "Z" a la "A" e igualmente, en el caso de ordenación por fecha, del 31/12/20XX al 01/02/20XX.

Para realizar la ordenación se debe situar el usuario sobre la celda de la columna o columnas que se desean ordenar y seleccionar la opción de **Ordenar y Filtrar,** según el orden que se desea, ascendente o descendente.

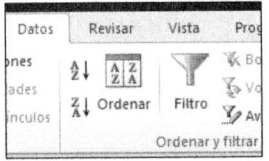 

Opciones de ordenación existentes en la ficha de datos de la hoja de cálculo de Microsoft Excel y opciones de ordenación de la barra de comandos de Calc de LibreOffice

Existe también la posibilidad de realizar una ordenación personalizada donde se pueden establecer los distintos criterios que necesita el usuario para realizar la ordenación de los registros contenidos en la base de datos. De esta forma se pueden realizar ordenaciones de los registros seleccionados de manera múltiple, combinando a la vez distintos tipos de ordenación para obtener los datos necesarios o demandados por el usuario.

 Consejo

En el caso de ordenación de columnas donde existen texto y número, es recomendable asignar a estas celdas el formato de texto, ya que de lo contrario la hoja de cálculo ordenará en primer lugar los números y luego el texto, pudiendo dar lugar a una obtención errónea de los datos.

4.5. Filtrado

Cuando se trabaja con listas de datos que conforman en sí las tablas de una base de datos en una hoja de cálculo, en ocasiones es muy útil, la existencia de alguna herramienta que permita la selección de un determinado conjunto de datos incluidos en la lista.

Para la extracción de este conjunto de datos de la lista, mediante el establecimiento de una serie de criterios impuestos por el usuario, se utiliza la herramienta de filtrado de datos. Esta opción se realiza a través de la misma opción de ordenación, mediante el icono de ordenar y filtrar.

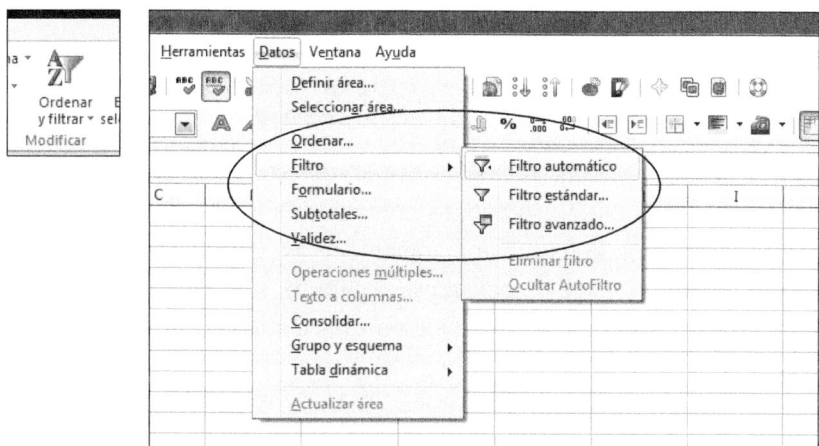

Opción de filtrado de los datos contenidos en la lista de la hoja de cálculo en Microsoft Excel y Calc de LibreOffice

Cuando se selecciona dicha opción, la hoja de cálculo coloca en la fila activa en los títulos de cada una de las columnas que conforma dicha fila, las flechas de desplegables. Cuando se selecciona una de estas flechas de desplegables, aparece un menú donde se puede ir eligiendo las distintas opciones de filtrado y de ordenación de los datos, en cuya columna se ha activado el desplegable.

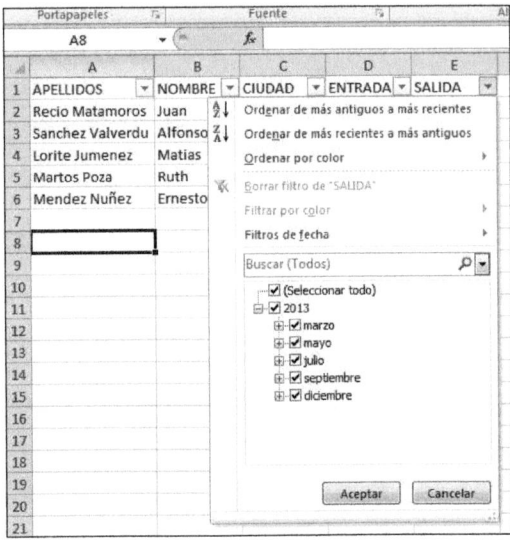

Elegida la opción de desplegable de la fecha de salida, la hoja de cálculo permite el filtrado de los datos de la lista en función de la variable fecha de salida.

Una vez elegidos por el usuario los criterios de filtrado, la hoja de cálculo mostrará los datos de la lista que cumplen con los criterios establecidos por el mismo. Además, la hoja de cálculo va a permitir realizar distintos filtrados de datos, uno por cada una de las columnas que componen la lista, por lo que si una lista de datos contiene registros alojados en 11 columnas distintas, es posible que el usuario realice 11 filtrados distintos de los registros de la hoja Excel, lo que va a resultar una herramienta potentísima para la gestión de la información contenida en la base de datos.

Además de todas estas opciones de filtrado, existen una serie de opciones de filtrado avanzado, permitiendo introducir en la hoja de cálculo, criterios mucho más complejos como son:

- **Criterios de comparación:** con los que se realiza una comparación de determinados valores con el valor que se encuentra dentro de unos límites concretos.
- **Criterios calculados:** comparando el resultado de una columna con los datos que no se encuentran en la lista. Estos se introducen mediante una fórmula y si el resultado es verdadero, se muestra la fila correspondiente.

Aplicación práctica

Usted es administrativo de un supermercado y tiene en una hoja de cálculo la base de datos de los productos más vendidos en el último mes tal y como se muestra a continuación. Su responsable le ha encargado la obtención de aquellos productos que han superado los 350 euros en ventas.

ARTÍCULO	TIPO	COSTE	CANTIDAD	TOTAL
Cola MecaCola	Bebida	2,5	984	2.460,00 €
Vino "El peleón"	Bebida	2,75	234	643,50 €
Fuet "Casa Maravellas"	Comida	3	702	2.106,00 €
Jamón "So lacón"	Comida	250,2	515	128.853,00 €
Queso "De pastizales"	Comida	95,3	325	30.972,50 €
Candado "Noseabre"	Ferretería	6,15	30	184,50 €
Llaves "La hojalatera"	Ferretería	6,15	56	344,40 €

SOLUCIÓN

Mediante el uso de la opción de filtros, el administrativo obtendrá la siguiente tabla de datos:

	A	B	C	D	E
	G9		f_x		
1	ARTICULO	TIPO	COSTE	CANTIDA	TOTAL
2	Cola MecaCola	Bebida	2,5	984	2.460,00 €
3	Vino "El peleón"	Bebida	2,75	234	643,50 €
4	Fuet "Casa Maravellas"	Comida	3	702	2.106,00 €
5	Jamón "So Lacón"	Comida	250,2	515	128.853,00 €
6	Queso "De Passtizales"	Comida	95,3	325	30.972,50 €

4.6. Validaciones

Las validaciones de los datos se utilizan cuando más de un usuario va a realizar la tarea de introducción de datos y se quiere que todos ellos lo hagan de la misma forma, es decir, que los datos a introducir en las celdas tengan todos las mismas características, como por ejemplo a la hora de introducir un número de teléfono, una matrícula de vehículo, etc., se desea que tengan un determinado formato y que no haya en la lista distintos formatos de dichos datos.

Con la validación de los datos se consigue:

- Mostar mensajes que pueden ser de ayuda o de información cuando se seleccionan las celdas a la hora de introducir los datos, pudiendo incluso mostrar un mensaje de error, en caso de que el usuario no haya introducido el dato correctamente.
- Limitar el número de caracteres a introducir en las celdas.
- Restringir la entrada de datos de la celda a determinados formatos o rangos de datos como por ejemplo números enteros, fecha, hora, etc.

Mediante la opción de validación de datos de la pestaña datos de la hoja de cálculo, se pueden establecer los criterios que van a permitir introducir de forma correcta los datos en las celdas seleccionadas previamente.

Con la validación de datos, la hoja de cálculo permite establecer la definición de los valores correctos a introducir en la celdas que conforman la lista de datos, indicando la naturaleza de estos (números enteros, fechas, horas, etc.) así como, otras características como pueden ser el tamaño máximo, su rango de valores, etc., e incluso, la posibilidad de incluir mensajes de error, advertencia e información, para que el usuario evite la introducción de un dato erróneo o de forma incorrecta.

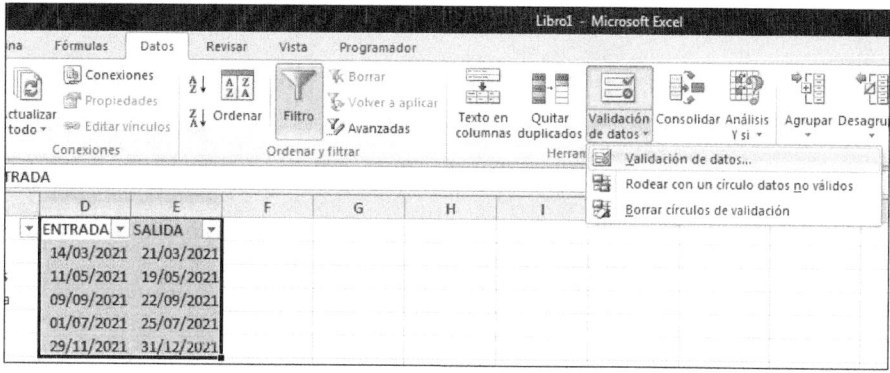

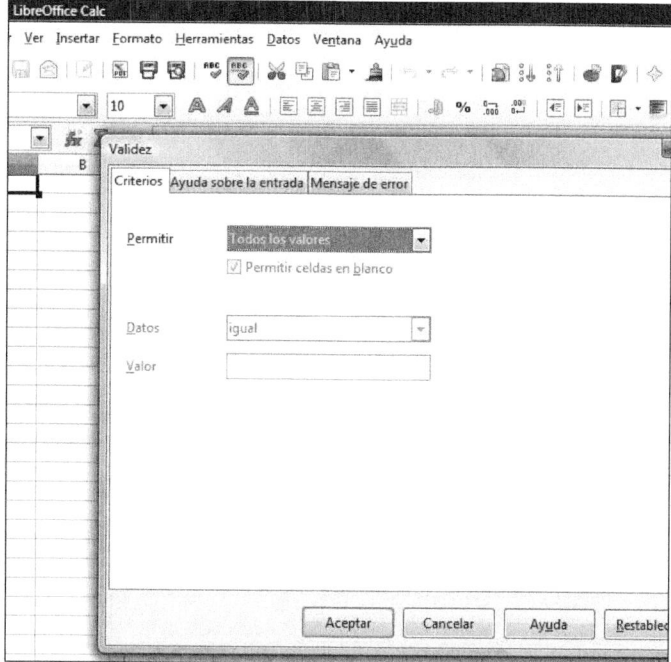

Opción de validación de datos de la pestaña datos donde se han de introducir los criterios de introducción de datos en las celdas que conforman la lista en Microsoft Excel y en Calc de LibreOffice respectivamente.

4.7. Formularios

Las hojas de cálculo permiten mostrar sus datos contenidos en una lista a través de lo que se denomina un formulario de datos. Este formulario de datos es un cuadro de diálogo donde cada una de las columnas de la lista se trata como un campo, mientras que las filas de la lista son tratadas como un registro.

Mediante la utilización de esta opción, el usuario puede desplazarse entre los elementos de la lista, añadir, modificar los datos e incluso eliminar filas de la lista.

Los formularios pueden ser personalizados en función de las necesidades de los usuarios, por lo que podrán incluir elementos como listas desplegables, botones, casillas de verificación, etc.

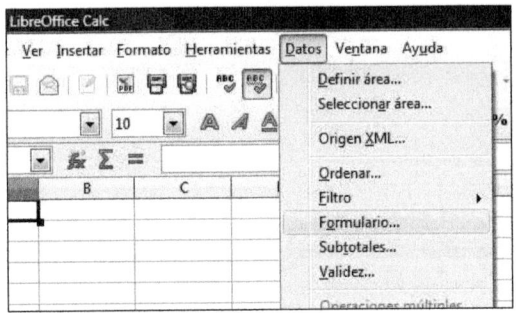

Opción de creación personalizada de formularios, donde aparecen los distintos elementos que se pueden utilizar como listas desplegables, botones, etc., en Microsoft Excel y la opción Formularios del menú Datos en Calc de Libre Office.

Con esta opción, el usuario podría crear un formulario en una hoja de cálculo que tuviera el aspecto de un cuadro de diálogo para que interactuara con el usuario. De esta manera, este podría introducir y seleccionar ciertos datos desde el propio formulario, con lo que obtendría los valores deseados en función de la información incorporada al formulario.

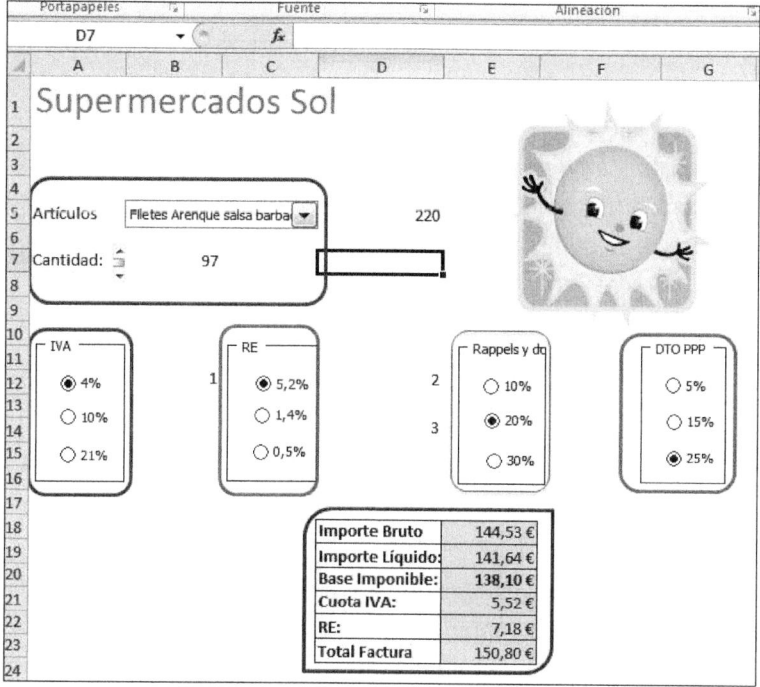

Formulario creado para el cálculo de la factura de compra de un supermercado, donde se da la opción al usuario de elegir el producto, la cantidad, el porcentaje de impuesto y descuentos, obteniendo el usuario el total de la factura de la compra del cliente.

Una vez que el formulario se encuentra creado, el usuario debe dotarlo de una funcionalidad específica mediante la utilización de funciones y fórmulas, para que dicho formulario cumpla con los objetivos de su diseño.

4.8. Informes

Para la toma de decisiones basada en la información contenida en la base de datos de una hoja de cálculo, se utilizan los denominados informes. Estos documentos ayudan al usuario a visualizar los datos en forma de resumen para determinar fácilmente tendencias, modelos, comparaciones, etc.

Este tipo de herramienta está ligada a las tablas dinámicas de las hojas de cálculo. Un informe de una tabla dinámica es una forma excelente de resumir de manera interactiva grandes volúmenes de datos contenidos en la hoja de cálculo.

Un informe de tabla dinámica se realiza especialmente para:

- La consulta de grandes cantidades de datos de forma diferente y mucho más cómoda para el usuario.
- El cálculo de subtotales, resumir datos por categorías, crear fórmulas personalizadas, etc.
- Mover filas y columnas de la hoja de cálculo para ver diferentes puntos de vista de los datos originales.
- La presentación de informes electrónicos o en formato impreso con los objetos y herramientas que los hagan cómodos y atractivos.

En un informe de tabla dinámica, el usuario puede:

- Explorar los datos expandiéndolos y contrayéndolos, ordenándolos y fil-trándolos así como, cambiando las funciones de resumen del informe.
- Cambiando el diseño del formulario y la organización de los campos de la hoja de cálculo.
- Cambiando el diseño de las columnas, filas y subtotales.
- Cambiando la presentación de las celdas en blanco y de los errores.
- Cambiando el formato mediante el uso de condicionales en las celdas, formato numérico de los campos o cambiando el estilo del formato de la propia tabla dinámica.

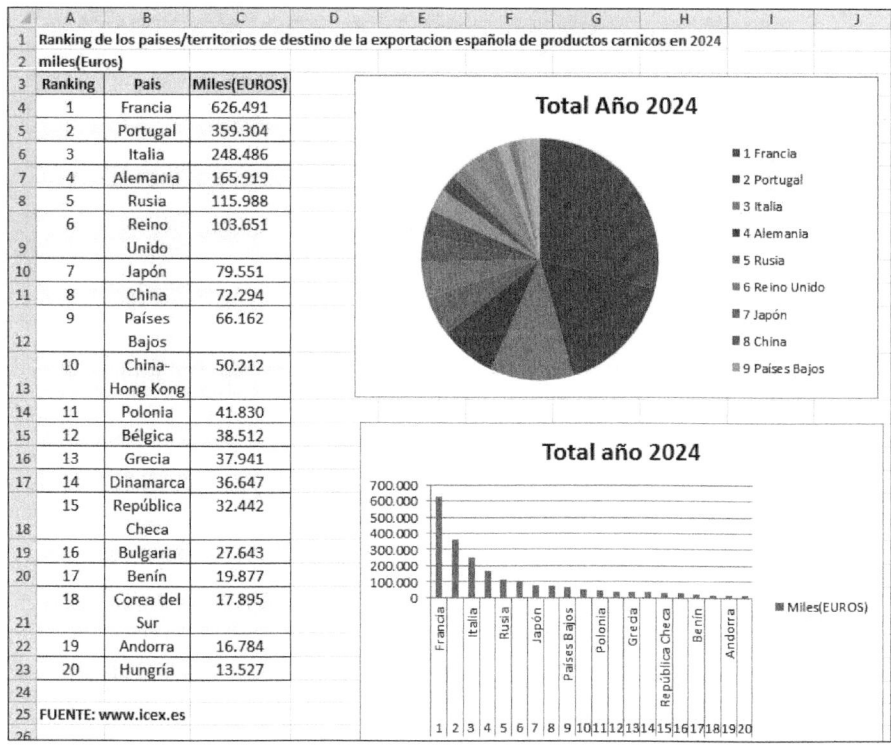

Ejemplo de formulario donde los datos de la hoja de cálculo son resumidos según el interés y necesidades del usuario.

4.9. Subtotales

Cuando en la base de datos existente en una hoja de cálculo, se encuentran multitud de datos numéricos, el usuario puede llegar a tener la necesidad de obtener determinada información como, por ejemplo, totales parciales y totales globales de una determinada columna de una lista.

Estos cálculos se pueden obtener a través de funciones y fórmulas, pero las hojas de cálculo proporcionan la opción de obtener los resultados de manera automática, insertándose y escribiéndose en las filas de la lista de manera esquemática y permitiendo al usuario desplazarse entre los distintos niveles del resumen de datos obtenidos por medio de la opción subtotales.

	Referencia	Nombre del producto	Proveedor	Categoria	Calidad por unidad	Precio por unidad	Unidades en existencias
1	Referencia	Nombre del producto	Proveedor	Categoria	Calidad por unidad	Precio por unidad	Unidades en existencias
2	BE001	Cerveza Laughing Lumberjack	Bigfoot Breweries	Bebidas	24 - bot. 12l	14,00 €	52
3	Total BE001						52
5	Total BE002						20
6	BE003	Cerveza Sasquatch	Bigfoot Breweries	Bebidas	24 - bot. 12l	14,00 €	111
7	Total BE003						111
8	BE004	Cerveza tibetana Barley	Exotic Liquids	Bebidas	24 - bot. 12l	19,00 €	17
9	Total BE004						17
10	BE005	Té Dharamsala	Exotic Liquids	Bebidas	10 cajas x 20 bolsas	18,00 €	39
11	Total BE005						39
13	Total BE006						17
14	BE008	Cerveza Outback	Pavlova, Ltd	Bebidas	24 - bot. 355 ml	15,00 €	15
15	Total BE008						15
16	BE009	Refresco Guaraná Fantástica	Refrescos Americanas LDA	Bebidas	12 - latas 355 ml	4,50 €	20
17	Total BE009						20
18	CA001	Empanada de cerdo	Ma Maison	Carnes	16 tartas	7,45 €	21
19	Total CA001						21
20	CA002	Paté chino	Ma Maison	Carnes	24 cajas x 2 tartas	24,00 €	115
21	Total CA002						115
22	CA003	Cordero Alice Springs	Pavlova, Ltd	Carnes	20 - latas 1kg	39,00 €	0
23	Total CA003						0
24	CO001	Sirope de regaliz	Exotic Liquids	Condimentos	12 - bot. 550 ml	10,00 €	13
25	Total CO001						13
26	CO002	Mermelada de grosellas de la abuela	Grandma Kelly's Homestead	Condimentos	12 - frascos 8 l	25,00 €	120
27	Total CO002						120
28	CO003	Azúcar negra de Malacca	Leka Trading	Condimentos	20 - bolsas 2kg	19,45 €	27
29	Total CO003						27
30	CO004	Especias Cajun del chef Anton	New Orleans Cajun Delights	Condimentos	48 - frascos 6 l	22,00 €	53
31	Total CO004						53
32	CO005	Especias picantes de Luisiana	New Orleans Cajun Delights	Condimentos	24 - frascos 8l	17,00 €	4
33	Total CO005						4
34	CO006	Mezcla Gumbo del chef Anton	New Orleans Cajun Delights	Condimentos	36 cajas	21,35 €	0
35	Total CO006						0

Datos Productos / Factura-Modelo-Proforma

H46

	A	B	C	D
1	BEBIDA	TIPO	Nº DE UNIDADES VENDIDAS	PRECIO UNITARIO
5		Total A		20,94 €
6	Apricot Brandy Tunel 0,7L	B	1	2,94 €
7	Benedictine 0,7L	B	2	8,26 €
8	Boubon Jim Beam 0,7L	B	0	7,48 €
9	Brandy Mango 0,7L	B	9	7,06 €
10	Brandy Terry Centenario L	B	0	5,37 €
11	Drambuie 0,7L	B	0	10,97 €
12	Frangelico	B	11	8,38 €
13		Total B		50,46 €
16		Total C		7,73 €
18		Total G		5,26 €
19	Jerez dulce solera 1847 0,75L	J	1	4,18 €
20	Jerez seco tito pepe 0,750L	J	1	3,79 €
21	Jerez semi dry sac 0,75L	J	0	3,91 €
22		Total J		11,88 €
27		Total L		24,24 €
31		Total R		13,67 €
33		Total T		3,46 €
34	TOTAL GENERAL			
35		Total general		137,64 €

Ejemplo de subtotales, donde aparecen todos y cada uno de los totales de todos los productos ordenados. A la izquierda junto a las filas, aparece el esquema de navegación de subtotales para Microsoft Excel y Calc de LibreOffice respectivamente.

Para poder realizar la opción de subtotales, la lista debe ser previamente ordenada y a continuación, utilizar la opción subtotal de la pestaña datos, donde el usuario podrá elegir la columna en función de la cual la hoja de cálculo realiza los subtotales.

A continuación, se deberá elegir la función que se desea que realice la hoja de cálculo para realizar el subtotal. En concreto, las funciones que se pueden usar para la creación de subtotales son:

- **Suma:** suma los valores de las celdas.
- **Cuenta:** mediante esta función, la hoja de cálculo cuenta el número de datos que hay en cada celda.
- **Promedio:** calcula el valor medio de los datos contenidos en las celdas.
- **Máximo y Mínimo:** obtiene el valor máximo y mínimo de las celdas.
- **Producto:** multiplicación de los datos de las celdas.
- **Contar números:** devuelve el número de datos de las celdas que son números.
- **Otros:** como el cálculo de la desviación típica y varianza de los datos contenidos en las celdas.

 Aplicación práctica

Su responsable del supermercado, le ha encargado que de la base de datos que posee de los productos más vendidos durante el mes, realice una consulta para obtener los totales de las ventas realizadas por tipo de producto, así como obtener un total definitivo de las ventas realizadas en el mes por dichos productos.

ARTÍCULO	TIPO	COSTE	CANTIDAD	TOTAL
Cola MecaCola	Bebida	2,5	984	2.460,00 €
Vino "El peleón"	Bebida	2,75	234	643,50 €
Fuet "Casa Maravellas"	Comida	3	702	2.106,00 €
Jamón "So lacón"	Comida	250,2	515	128.853,00 €
Queso "De pastizales"	Comida	95,3	325	30.972,50 €
Candado "Noseabre"	Ferretería	6,15	30	184,50 €
Llaves "La hojalatera"	Ferretería	6,15	56	344,40 €

Continúa en página siguiente >>

<< Viene de página anterior

SOLUCIÓN

Mediante la opción de subtotales, la tabla que contiene la base de datos de los productos, quedará de la forma que aparece a continuación:

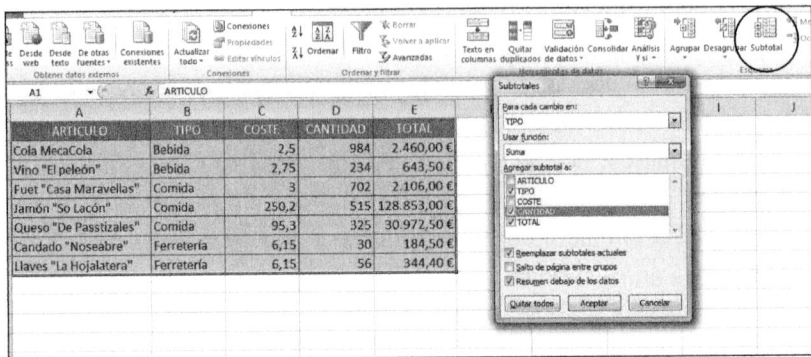

Imagen donde se aprecia la opción de subtotales y el cuadro de diálogo donde se ha de elegir las opciones adecuadas para la realización de la consulta.

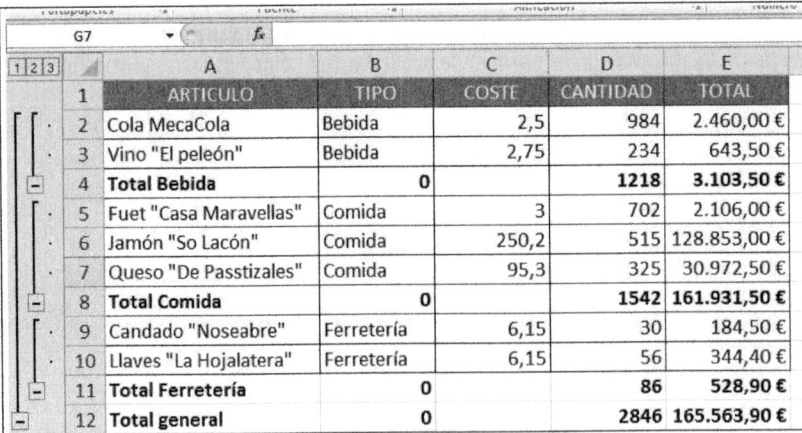

Imagen que muestra el resultado de la consulta donde se aprecian los totales por tipo de producto así como el total general de las ventas de productos.

4.10. Consolidaciones e informes de tablas y gráficos dinámicos

Las tablas dinámicas son una herramienta de las hojas de cálculo, que permiten presentar desde cualquier punto de vista, la información contenida en la misma mediante el uso de funciones de resumen como son la suma y el promedio.

Una tabla dinámica tiene un carácter marcado interactivo, ya que una vez que ha sido creada por el usuario, la información mostrada puede ser resumida y organizada de distinta forma. Además, permite la posibilidad de que si la lista donde se encuentran los datos es modificada, la tabla se modifica automáticamente.

En una tabla dinámica, un campo es una categoría de datos como por ejemplo, vendedor o trimestre, tal y como aparece en la imagen anterior, mientras que un elemento es una subcategoría o integrante de un campo, como por ejemplo, el nombre de los vendedores o la región a la que pertenecen.

Para poder crear una tabla dinámica es necesario elegir la opción **Insertar tabla dinámica** que aparecen en la pestaña **Insertar.** En ese momento, el usuario deberá elegir de entre una lista de campos, los que van a formar parte de la tabla dinámica, así como las funciones que tienen que desempeñar en la misma.

Una vez que la tabla dinámica se encuentra creada, si se modifican los datos desde la que se formó la tabla dinámica, esta se modificará automáticamente sin necesidad de volver a crearla. Así mismo, la hoja de cálculo va a permitir al usuario crear gráficos a partir de los datos obtenidos de la tabla dinámica; es lo que se denomina gráficos dinámicos. Igualmente que la tabla dinámica, si los datos origen de la misma son modificados, el gráfico dinámico también es actualizado automáticamente.

Mediante la opción de insertar gráfico de datos obtenidos de una tabla dinámica, el usuario puede elegir el tipo de gráfico de entre un elevado número de tipos, ya sean circulares, de barras, histogramas, en tres dimensiones, etc.

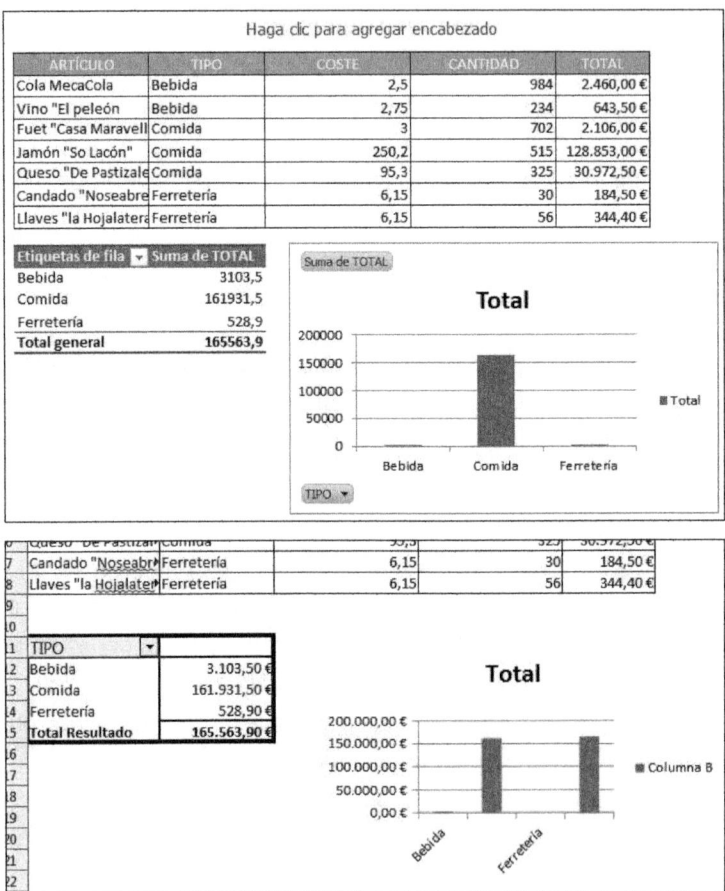

Ejemplos de gráfico dinámico donde aparecen junto con las tablas dinámicas de las que son creados tanto en Microsoft Excel como en Calc de LibreOffice.

Con estos tipos de gráficos, el usuario puede llegar a conseguir la información que realmente le interesa en cada caso, sin necesidad alguna de volver a crear la tabla ni el gráfico, ya que ambos se modifican automáticamente ante modificaciones posteriores de los datos de origen.

Otra de las herramientas importantes que la hoja de cálculo aporta a los usuarios, es la consolidación de los datos con distribuciones similares y con rótulos de fila iguales, en lo que se denomina, hoja maestra.

Este tipo de herramientas es muy útil, como por ejemplo, en el caso de que el usuario quisiera obtener la información consolidada de ventas nacionales, partiendo de hojas de cálculo que contienen los datos de ventas de las distintas regiones que conforman el territorio nacional.

Mediante la función **Consolidar datos** situada en la pestaña de datos, se aglutinan los datos en otra hoja de cálculo seleccionada por el usuario, dando la información demandada por este de una manera sencilla y pudiendo obtener conclusiones a partir de ellos.

 Actividades

13. ¿Qué ventajas ofrece para el usuario de una base de datos en hoja de cálculo, la utilización de la función Consolidar así como la creación de tablas y gráficos dinámicos?

4.11. Vinculación de hojas de cálculo u otro tipo de tablas con bases de datos

Cuando el usuario trabaja con datos que no posee en su propio equipo informático, o que se encuentran en otro tipo de formato porque no han sido creados mediante una hoja de cálculo, los distintos *softwares* de hojas de cálculo permiten acceder a dichos datos, aunque su origen o tipo de formato sea diferente.

La hoja de cálculo va a permitir al usuario poder trabajar con datos obtenidos desde Internet o de la propia intranet de la organización a la que pertenece e incluso, a datos obtenidos de distintas bases de datos, seleccionando la información que se desea importar de estos archivos, mediante la realización de consultas. Es lo que se denomina vinculación de las hojas de cálculo con otro tipo de tablas con bases de datos.

Una de las funciones que pueden realizarse con las hojas de cálculo es la vinculación entre ellas. Como este tipo de *software* permite el trabajo con varias hojas a la vez, es posible que el usuario vincule todas o algunas de ellas, de manera que los datos obtenidos en una determinada hoja, sean un compendio del cálculo realizado con los datos, en varias de ellas a la vez.

También, es posible que el usuario pueda trabajar con los datos contenidos en archivos de texto, mediante la vinculación de ambos tipos de formatos. Para ello, los datos que se encuentran en el archivo de texto deben tener un determinado formato para que estos sean legibles por la hoja de cálculo e importados para su posterior manipulación por el usuario. Esta opción se encuentra en la pestaña datos, donde es posible elegir la opción de obtener datos desde texto. De esta forma el usuario selecciona el archivo a importar y mediante un asistente, la hoja proporciona los pasos a seguir al usuario para que los datos se transfieran a la hoja de cálculo.

Otra forma es vincular las hojas de cálculo con los datos obtenidos de un archivo de base de datos mediante la opción de obtener datos externos. El proceso de importación de datos es muy similar al de los archivos de texto; mediante un asistente, se ayuda al usuario a seguir los pasos para la correcta importación de los mismos, desde un archivo de base de datos, como puede ser un archivo de Access del paquete Microsoft Office, o de un archivo Base, del *software* LibreOffice, a un archivo de hoja de cálculo.

Como se puede observar, las hojas de cálculo proporcionan al usuario una forma sencilla, cómoda y muy potente de poder trabajar con grandes cantidades de datos pertenecientes a una base de datos creada mediante un sistema o *software* de base de datos, o creada desde la propia hoja de cálculo.

5. Comandos de las bases de datos

La gran cantidad de herramientas, opciones, funciones, etc., que poseen las hojas de cálculo para la manipulación de grandes cantidades de información contenida en bases de datos, hace que existan multitud de comandos u órdenes, necesarias para el correcto funcionamiento de la hoja de cálculo y por consiguiente, de la correcta manipulación de los datos.

Muchos de estos comandos son comunes a todas las hojas de cálculo existentes en el mercado e incluso, al *software* específico de base de datos como por ejemplo Access, del paquete Microsoft Office, o Base del *software* ofimático LibreOffice, los cuales comparten muchas funciones con el *software* Excel, hoja de cálculo del paquete Microsoft Office y Calc del paquete LibreOffice.

5.1. Conceptos generales

Un comando, del inglés *command* (instrucción o mandato), no es más que una orden, una instrucción que el usuario del *software* proporciona al sistema informático con el ánimo de que este, realice una acción o proceso determinado.

Estos comandos se escribirán en lo que se denomina línea de comandos, lo que permite al usuario introducir las instrucciones al sistema informático. En resumen, la línea de comandos no es más que la forma que tiene el sistema informático de interactuar con el usuario.

La línea de comandos se compone de una serie de caracteres que se escriben en un orden determinado, aplicando unas reglas de lenguaje de escritura, lo que se denomina sintaxis. En dicha línea de comandos se ha de escribir el comando u orden propiamente dicho y seguido entre paréntesis, los argumentos que coinciden con los criterios que desea el usuario. Por ejemplo, si se quisiera contar determinados datos de una base de datos según un determinado criterio, la línea de comandos sería:

BDCONTAR(base_de_datos;nombre_de_campo; criterios)

- BDCONTAR(base_de_datos;nombre_de_campo; criterios).
- BDCONTAR: es el comando que especifica que el usuario desea que sean contados determinados datos de una base de datos en concreto.
- Base_de_datos: es el rango de celdas que compone la lista o la base de datos de la hoja de cálculo.
- Nombre_de_campo: es el nombre de la columna que se usa en la función. El usuario deberá escribir entre comillas dicho nombre.

■ Criterios: es el rango de celdas que contiene las condiciones especificadas por el usuario.

Ejemplo

En una celda de una hoja de cálculo, el usuario puede escribir la siguiente línea de comando =BDCONTAR(A4:E10;"Edad";A1:F2). Esta función va a examinar los registros que se encuentran en la matriz de celdas A4:E10 y determina cuántos campos con el nombre "Edad", contienen números.

También, las hojas de cálculo poseen una serie de comandos que no necesitan ser escritos mediante sintaxis, sino que son una combinación de un conjunto de teclas, las cuales al ser presionadas por el usuario, consiguen que la hoja de cálculo realice una determinada acción, ya sea dar formatos o realizar una suma de determinados datos.

5.2. Comandos de manipulación y formato

Toda hoja de cálculo cuenta con una serie de comandos que hacen que el usuario, interactúe con el *software* y este realice una determinada acción. En concreto, podemos clasificar estos tipos de comandos en dos grandes grupos:

■ Comandos de manipulación de los datos.
■ Comandos de formato de las celdas y/o de los datos.

Los comandos de manipulación de los datos, son muy similares e incluso en algunos casos, iguales a los comandos que se utilizan en los *software* de bases de datos. A modo de resumen se reúnen en la siguiente tabla los más importantes.

Comando	Función
BDCONTAR	Cuenta el número de celdas que contiene números en la base de datos.
BDCONTARA	Cuenta el número de celdas que no se encuentran vacías.
BDDESVEST	Calcula la desviación estándar en función de una muestra.
BDDESVESTP	Calcula la desviación estándar en función de la población total.
BDEXTRAER	Extrae un registro de la base de datos que cumple con los criterios especificados por el usuario.
BDMAX	Devuelve el valor máximo de las celdas seleccionadas.
BDMIN	Devuelve el valor mínimo de las celdas seleccionadas.
BDPRODUCTO	Multiplica los valores de un campo en función de los criterios especificados.
BDPROMEDIO	Devuelve el promedio de las celdas seleccionadas.
BDSUMA	Calcula la suma de las celdas seleccionadas.
BDVAR	Calcula la varianza en función de una muestra.
BDVARP	Calcula la varianza en función de la población total.

En cuanto a los comandos utilizados para el formato de la hoja de cálculo así como de sus datos, existe un gran número de ellos, variando su función desde la aplicación de contorno a las celdas seleccionadas, hasta la copia, y posterior pega de las celdas filas o columnas seleccionadas, todo ello realizado mediante la combinación de una serie de teclas.

A continuación, se exponen en una tabla algunos de los comandos de formato más comunes, mediante el uso de combinación de teclas.

Comando/tecla	Función
CRTL+MAYÚS+(	Muestra las filas ocultas de la selección realizada.
CRTL+MAYÚS+)	Muestra las columnas ocultas de la selección realizada.
CRTL+MAYÚS+&	Aplica contorno a las celdas seleccionadas.
CRTL+MAYÚS_	Quita el contorno a las celdas seleccionadas.

Continúa en página siguiente >>

<< Viene de página anterior

Comando/tecla	Función
CRTL+E	Aplica el formato de número general a las celdas seleccionadas.
CRTL+MAYÚS+$	Aplica el formato moneda a las celdas seleccionadas.
CRTL+MAYÚS+^	Aplica el formato número exponencial a las celdas seleccionadas.
CRTL+MAYÚS+#	Aplica el formato de fecha con el día, mes y año.
CRTL+MAYÚS+@	Aplica el formato de hora y los minutos e indica a.m. o p.m.
CRTL+K	Aplica cursiva a los datos de las celdas seleccionadas.
CRTL+N	Aplica negrita a los datos de las celdas seleccionadas.
CRTL+R	Cierra la ventana del libro seleccionado.
CRTL+X	Corta las celdas seleccionadas.
CRTL+Y	Repite el último comando o acción en el caso de que fuese posible.
CRTL+Z	Deshace el último comando realizado en la hoja de cálculo.
CRTL+V	Pega las celdas copias con anterioridad en la zona deseada por el usuario.

5.3. Análisis de datos: auditoría, referencia circular, formato condicional, escenarios, tablas, buscar objetivos, tablas dinámicas u otros

En el proceso del análisis de los datos que se encuentran en bases de datos alojadas en hojas de cálculo, en ocasiones es necesaria la realización de una serie de acciones con el objetivo de corregir o buscar determinadas funciones o registros. Para ello, las hojas de cálculo como Excel, del paquete Microsoft Office o Calc del *software* LibreOffice, poseen la herramienta de auditoría con la que se puede realizar las siguientes acciones:

- Buscar y corregir errores en las fórmulas.
- Mostrar las relaciones entre las fórmulas y las celdas.
- Evaluar una fórmula anidada paso a paso.
- Quitar o agregar celdas a la ventana de inspección.
- Corregir un valor de error.

■ Marcar errores y corregirlos directamente mediante la opción "comprobación de errores".

Sabía que...

Una función anidada es un conjunto de funciones que se encuentran unas dentro de otras, es decir, una función es el argumento de otra función. Este tipo de funciones pueden tener como máximo hasta siete funciones anidadas.

Mediante esta opción se pueden realizar de manera rápida y sencilla, tareas tan tediosas o sumamente complejas como comprobar de qué operación u operaciones se obtiene un determinado valor de una celda en concreto.

Cuando una celda de la hoja de cálculo tiene una fórmula que hace referencia a su propia celda, el usuario se encuentra ante lo que se denomina "referencia circular". En este momento aparece un mensaje de advertencia en pantalla, indicando al usuario la existencia de una referencia circular, lo que provocaría que la hoja de cálculo realizara de manera interminable la misma fórmula, lo que provoca un error evidente y, por tanto, la hoja de cálculo detiene dicho proceso.

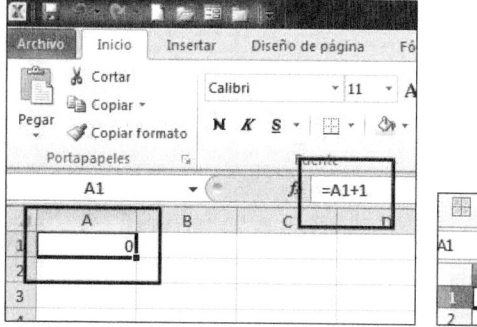
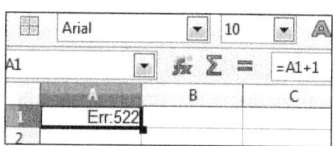

Ejemplo donde aparece una referencia circular de Microsoft Excel y el error de referencia circular en el software Calc de LibreOffice.

Que el usuario encuentre y corrija tales errores es sencillo gracias a la opción de auditoría, mediante la acción de "comprobación de errores" de la pestaña formulas. En ese momento la hoja de cálculo localizará la celda con referencia circular, facilitando al usuario su localización procediendo este a su corrección.

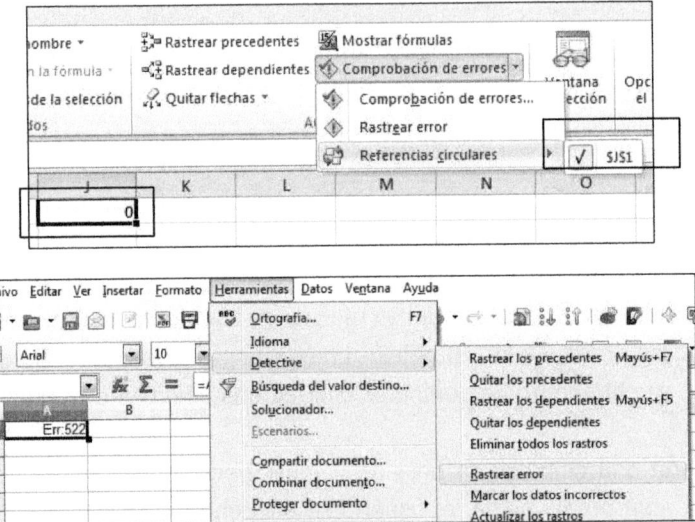

Localización de la referencia circular mediante la herramienta de auditoría de Microsoft Excel y la herramienta detective, localizar error de software Calc de LibreOffice.

Es posible, que la hoja de cálculo, de manera excepcional y si el usuario lo determina en su configuración, permita que se pueda seguir trabajando con referencias circulares mediante la modificación de su configuración interna.

Actividades

14. ¿Cómo se denomina a una celda que posee una función en la que se hace referencia a la propia celda? Indique si dicha situación afectaría a los cálculos realizados por la función y la manera de corregirla.

Otra manera de poder realizar un análisis de los datos contenidos en la hoja de cálculo es mediante la utilización del formato condicional. El formato en sí es la posibilidad que tiene la hoja de cálculo de establecer un aspecto distinto a cada una de las celdas o datos contenidos en ellas, ya sea poniendo en negrita los registros, insertando bordes o colores de relleno a las celdas, etc.

El formato condicional va un paso más allá del formato normal. Con el condicional, se pretende que la hoja de cálculo determine unos formatos establecidos a las celdas o datos contenidos en ellas, según la condición o condiciones que establezca el usuario, es decir, se pretende que la hoja responda de manera visual a las preguntas específicas que realice el usuario mediante el tratamiento de los datos contenidos en ella.

El formato condicional permite:

- Resaltar celdas o rango de celdas interesantes para el usuario.
- Destaca valores inusuales y visualiza otros mediante la utilización de gráficos de barras, escalas de colores o la utilización de distintos iconos.
- A medida que los datos van cambiando conforme estos van siendo modificados, los formatos condicionales cambiarán de manera automática.

VENDEDOR	VENTAS	COMISIÓN	TOTAL A COBRAR
Castro	15.000 €	750 € ⬆	15.750 €
Morales	5.000 €	250 € ⬇	5.250 €
Solis	12.000 €	600 € ⬆	12.600 €
Nuñez	10.000 €	500 € ➡	10.500 €
Lopez	9.000 €	450 € ➡	9.450 €
Marquez	5.000 €	250 € ⬇	5.250 €

Ejemplo de formato condicional con relleno de colores y uso de iconos tanto en Microsoft Excel como en Calc de LibreOffice

Este tipo de formato es muy utilizado en el supuesto de obtener determinada información de manera muy gráfica, sencilla y rápida de comprender.

Aplicación práctica

En el supermercado donde trabaja como administrativo, le han encargado que a la base de datos de los productos más vendidos durante el mes anterior, asigne formato condicional, a los registros que indican el número total de unidades vendidas de cada uno de los productos, para ello utiliza un formato condicional de barras. La tabla donde aparece la base de datos se muestra a continuación:

ARTÍCULO	TIPO	COSTE	CANTIDAD	TOTAL
Cola MecaCola	Bebida	2,5	984	2.460,00 €
Vino "El peleón"	Bebida	2,75	234	643,50 €
Fuet "Casa Maravellas"	Comida	3	702	2.106,00 €
Jamón "So lacón"	Comida	250,2	515	128.853,00 €
Queso "De pastizales"	Comida	95,3	325	30.972,50 €
Candado "Noseabre"	Ferretería	6,15	30	184,50 €
Llaves "La hojalatera"	Ferretería	6,15	56	344,40 €

SOLUCIÓN

Se ha de utilizar la opción de formato condicional del menú estilos de la pestaña insertar, eligiendo la opción de barras en color azul. El resultado es el siguiente:

	A	B	C	D	E
	ARTICULO	TIPO	COSTE	CANTIDAD	TOTAL
	Cola MecaCola	Bebida	2,5	984	2.460,00 €
	Vino "El peleón"	Bebida	2,75	234	643,50 €
	Fuet "Casa Maravellas"	Comida	3	702	2.106,00 €
	Jamón "So Lacón"	Comida	250,2	515	128.853,00 €
	Queso "De Passtizales"	Comida	95,3	325	30.972,50 €
	Candado "Noseabre"	Ferretería	6,15	30	184,50 €
	Llaves "La Hojalatera"	Ferretería	6,15	56	344,40 €

Actividades

15. Enumere las ventajas e inconvenientes de la utilización del formato condicional en las hojas de cálculo tanto de Microsoft Office como de Calc de LibreOffice.

Los escenarios son una herramienta de análisis de datos de las hojas de cálculo muy útil, que permiten al usuario analizar un determinado resultado que ha sido generado en base a un conjunto de celdas variables. Esta es una de las herramientas de la opción **Análisis Y si** de la pestaña datos.

El usuario puede crear distintos grupos de escenarios en una misma hoja de cálculo y pasar después de un escenario a otros, para ver los resultados que se obtienen. Además, es posible que el usuario compare los distintos escenarios en los que más interés tenga, y cree un informe que los resuma en una misma página de la hoja de cálculo.

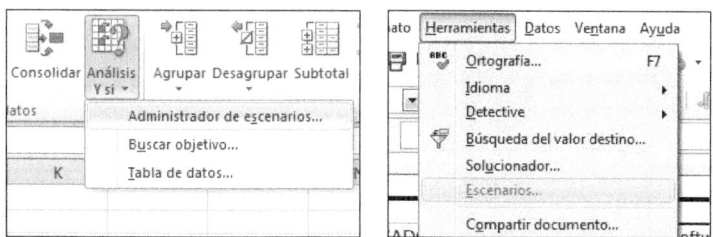

Opción de creación de escenarios mediante el botón Análisis Y si y la opción Escenarios del menú Herramientas del software LibreOffice

Esta herramienta aporta al usuario unos beneficios enormes, ya que en tan solo una hoja de cálculo, puede tener una gran cantidad de información, con tan solo la creación de diferentes escenarios posibles. Por el contrario, la gran desventaja que posee la creación de escenarios, es que han de realizarse manualmente, por lo que el trabajo a realizar por el usuario puede llegar a ser muy laborioso.

Otra potente herramienta para el análisis de los datos contenidos en una hoja de cálculo es la conversión de un determinado rango de celdas de datos relacionados, en una tabla. Esta es un conjunto de filas y columnas con los datos dispuestos de tal manera que forman una lista.

Cuando el usuario crea una tabla en una hoja de cálculo este puede trabajar con los datos de dicha tabla, independientemente del resto de información que se encuentra en la hoja de cálculo fuera de dicha tabla.

Suma de VENTAS	Etiquetas de columna ▼		
Etiquetas de fila ▼	Hardware	Software	Total general
⊟ Ciriaco	4635000	7600000	12235000
Enero	1535000	2500000	4035000
Febrero	1500000	2500000	4000000
Marzo	1600000	2600000	4200000
⊟ Dionisio	4950000	7100000	12050000
Enero	1750000	2300000	4050000
Febrero	1500000	2500000	4000000
Marzo	1700000	2300000	4000000
⊟ Evaristo	3520000	7150000	10670000
Enero	1100000	2400000	3500000
Febrero	1220000	2350000	3570000
Marzo	1200000	2400000	3600000
⊟ Virgilio	4235000	6200000	10435000
Enero	1335000	2000000	3335000
Febrero	1450000	2100000	3550000
Marzo	1450000	2100000	3550000
Total general	17340000	28050000	45390000

G40	▼	ƒ𝑥 Σ =			
	A	B	C	D	E
28					
29	Suma - VENTAS		PRODUCTO ▼		
30	MES ▼	DELEGADO ▼	hardaware	software	Total Resultado
31	ENERO		5.720.000	7.130.000	12.850.000
32		ciriaco	1.535.000	2.500.000	4.035.000
33		dionisio	1.750.000	230.000	1.980.000
34		evaristo	1.100.000	2.400.000	3.500.000
35		virgilio	1.335.000	2.000.000	3.335.000
36	FEBRERO		5.670.000	9.450.000	15.120.000
37		ciriaco	1.500.000	2.500.000	4.000.000
38		dionisio	1.500.000	2.500.000	4.000.000
39		evaristo	1.220.000	2.350.000	3.570.000
40		virgilio	1.450.000	2.100.000	3.550.000
41	MARZO		5.950.000	9.400.000	15.350.000
42		ciriaco	1.600.000	2.600.000	4.200.000
43		dionisio	1.700.000	2.300.000	4.000.000
44		evaristo	1.200.000	2.400.000	3.600.000
45		virgilio	1.450.000	2.100.000	3.550.000
46	Total Resultado		17.340.000	25.980.000	43.320.000
47					

Ejemplo de tabla donde se recogen distintos datos con los que se puede trabajar de manera independiente del resto de datos que conforman dicha hoja de cálculo tanto en Microsoft Excel como en Calc de LibreOffice.

Entre las **ventajas** de trabajar con tablas se encuentran:

- En la fila que va a contener los encabezados, se añaden de manera automática las listas para poder filtrar u ordenar los datos.
- El usuario puede aplicar el estilo de tabla que considere oportuno o establecer uno preestablecido para trabajar con mayor rapidez.
- El usuario puede añadir una fila con totales, al final de la tabla.

A diferencia de las tablas, las tablas dinámicas poseen un carácter marcado interactivo. Es una herramienta potente de análisis de los datos contenidos en la hoja de cálculo, facilitando al usuario la información requerida en forma de tabla, con todas las ventajas de las tablas normales además de, usar las funciones de resumen como son la suma o el promedio.

Una vez que el usuario crea con un determinado rango de celdas una tabla dinámica, este puede resumir y organizar de muy distintas formas la información mostrada en la tabla e incluso, crear distintos tipos de gráficos sobre la información contenida en dicha tabla.

Una vez que la tabla dinámica se encuentra creada, el usuario puede cambiar su aspecto mediante distintos tipos de formatos y cuando la información de origen de la tabla es modificada, esta se modifica automáticamente, sin necesidad de que el usuario tenga que realizar dicha operación.

Otra de las herramientas de análisis de datos es la búsqueda de objetivos en las hojas de cálculo. Buscar objetivo es parte de las herramientas que conforman la opción **Análisis Y si.**

Mediante esta herramienta, la hoja de cálculo busca un valor específico para una determinada celda mediante el ajuste del valor de otra celda, ya que en ocasiones, cuando el usuario trabaja con los datos mediante fórmulas, es muy posible que conozca el resultado que desea alcanzar, pero desconoce uno de los datos de la fórmula que ha empleado para obtener el valor o la información deseada.

 **Actividades**

16. En el caso de que tuviese que determinar las distintas posibilidades que se pueden suceder en función de unos determinados datos, ¿qué herramienta de análisis de datos utilizaría?

5.4. Comandos de utilidad: buscar, reemplazar, proteger, hipervínculo, validación u otros

En una hoja de cálculo donde gran cantidad de datos son almacenados en celdas distribuidas en filas y columnas, es necesario que exista una serie de comandos que ayuden al usuario a localizar determinados datos en función de las necesidades del demandante.

Función Buscar

Para ello, una herramienta muy útil es la función **Buscar,** la cual devuelve un determinado valor de un rango de celdas determinado, de una fila, de una columna o de una matriz, siempre y cuando dicho valor cumpla con los requisitos del usuario.

La función **Buscar** posee dos variantes: la búsqueda vectorial y la búsqueda matricial. La búsqueda vectorial, busca valores dentro de un rango de celdas distribuido en una fila o en una columna. Es una opción muy útil para cuando se desee buscar un determinado valor de una lista muy amplia o cuando el usuario prevea, que los valores van a cambiar con el tiempo. Por el contrario, la forma de búsqueda matricial es recomendable utilizarla cuando se desee encontrar un determinado valor de una pequeña lista de valores y estos se saben que van a permanecer constantes.

Es necesario que el usuario ordene en orden ascendente los datos antes de realizar la búsqueda del valor mediante esta opción. En caso de que no sea posible dicha ordenación, la hoja de cálculo posee una serie de variantes de la opción **Buscar** como son **BUSCARV, BUSCARH** o **COINCIDIR.**

F2	▼	f_x	=BUSCAR(F1, A2:A6, C2:C6)			
	A	B	C	D	E	F	G
1	Nombre	Apellido	Calificación		Nombre:	Carlos	
2	Alejandra	Camacho	74		Calificación:	96	
3	Berenice	Padilla	89				
4	Carlos	Morones	96				
5	Diana	Barrera	91				
6	Enrique	Sánchez	82				
7							

*Ejemplo de la función **Buscar** donde se puede apreciar la sintaxis de la fórmula en la barra de fórmulas y cómo encuentra el valor buscado en la matriz de datos.*

Aplicación práctica

El encargado del almacén de productos donde trabaja, le ha encargado que realice una hoja de cálculo con la base de datos de los productos vendidos el mes anterior, de tal forma que introduciendo el tipo de producto en una celda, la hoja le devuelva el valor de la cantidad vendida. Los datos a utilizar son los siguientes:

ARTÍCULO	TIPO	COSTE	CANTIDAD	TOTAL
Cola MecaCola	Bebida	2,5	984	2.460,00 €
Vino "El peleón"	Bebida	2,75	234	643,50 €
Fuet "Casa Maravellas"	Comida	3	702	2.106,00 €
Jamón "So lacón"	Comida	250,2	515	128.853,00 €
Queso "De pastizales"	Comida	95,3	325	30.972,50 €
Candado "Noseabre"	Ferretería	6,15	30	184,50 €
Llaves "La hojalatera"	Ferretería	6,15	56	344,40 €

Continúa en página siguiente >>

<< Viene de página anterior

SOLUCIÓN

La realización de la práctica pasa por utilizar la función Buscar escribiendo la siguiente fórmula:

=BUSCAR(H2;A2:A8;D2:D8)

En la siguiente imagen se muestra la solución tal y como quedaría.

	H3	▾ (*	ƒx	=BUSCAR(H2;A2:A8;D2:D8)				
	A	B	C	D	E	F	G	H
1	ARTICULO	TIPO	COSTE	CANTIDAD	TOTAL			
2	Cola MecaCola	Bebida	2,5	984	2.460,00 €		ARTICULO	Cola MecaCola
3	Vino "El peleón"	Bebida	2,75	234	643,50 €		CANTIDAD VENDIDA	984
4	Fuet "Casa Maravellas"	Comida	3	702	2.106,00 €			
5	Jamón "So Lacón"	Comida	250,2	515	128.853,00 €			
6	Queso "De Passtizales"	Comida	95,3	325	30.972,50 €			
7	Candado "Noseabre"	Ferretería	6,15	30	184,50 €			
8	Llaves "La Hojalatera"	Ferretería	6,15	56	344,40 €			

La sintaxis básica para la realización de esta función sería la siguiente: BUSCAR(valor_buscado; vector_de_comparación; vector_resultado), donde el "valor_buscado" es el valor que va a buscar la hoja de cálculo en el primer vector, en el vector de comparación. El "vector de comparación" es el rango de una sola fila o columna donde la hoja va a buscar el valor. El "vector de resultado" es el vector de una fila o columna donde la hoja de cálculo va a encontrar el valor deseado en función del valor a buscar.

Función reemplazar

Otra función importante a la hora de realizar análisis de los datos contenidos en la hoja de cálculo es la función **Reemplazar** y **Sustituir**. A primera vista, ambas parecen que van a tener funciones idénticas, pero es todo lo contrario. La función **Reemplazar**, en sus variantes, **REEMPLAZAR** y **REEMPLAZARB**, reemplaza parte de una cadena de texto, en función del número de caracteres que el usuario especifique, por una cadena de texto diferente a la original o bien, reemplaza parte de una cadena de texto, en función del número de bytes que el usuario especifique, por una cadena de texto diferente a la original.

Ejemplo

Suponiendo los siguientes datos, como puede ser un año en concreto, 2023, el usuario puede ordenar a la hoja de cálculo que reemplacc los dos últimos dígitos de dicho año por otros distintos indicando la celda a reemplazar, el número de carácter a partir del cual se va a reemplazar, el número de caracteres a reemplazar y por último, los caracteres específicos que queremos que inserte nuevos en la celda de datos. REEMPLAZAR (A2;3;2;"24"), con esta fórmula, la hoja de cálculo reemplazaría el 23, del año 2023 y colocaría en su lugar un 24, obteniendo como resultado 2024.

Por el contrario, la función **Sustituir,** se va a utilizar cuando se desea modificar el texto original por un nuevo texto. El funcionamiento es el mismo que el de la función reemplazar, pero con la diferencia de que no se hace mención a caracteres de las celdas, sino a textos completos en las celdas.

Función proteger, hipervínculo, validación u otros

Cuando una hoja de cálculo posee una gran cantidad de datos, es necesario que estos se encuentren protegidos en cierta manera, ante posibles errores de manipulación, evitando así su borrado accidental o eliminación definitiva incluso; aquellos archivos procedentes de fuentes externas a nuestros equipos informáticos como por ejemplo Internet, pueden contener *software* malintencionado o virus que dañen los propios archivos, los archivos que contiene el sistema informático del usuario e incluso el propio sistema informático en su conjunto.

Para ello, la opción de vista protegida o protección de los propios archivos que contiene la hoja de cálculo, hace que estos comandos sean de enorme utilidad. La vista protegida es una opción que poseen la hojas de cálculo en la que el usuario puede leer un determinado archivo así como, ver su contenido reduciendo los posibles riesgos que puedan sufrir sus archivos personales y su equipo.

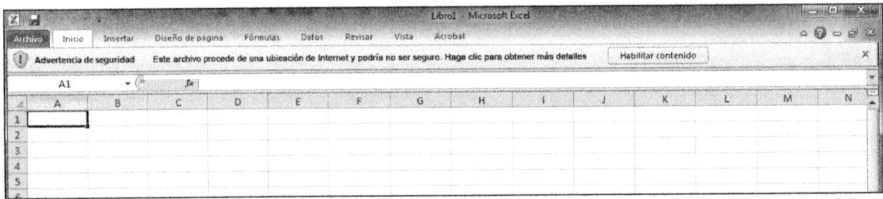

Mensaje de advertencia de la opción de vista protegida, donde es posible habilitar la edición del archivo en caso de confiar en la seguridad de la procedencia del archivo. Opción válida solo en Microsoft Excel.

Es importante para el usuario y la seguridad de la información que posee, así como la seguridad de su propio sistema informático, tener habilitadas las opciones de vista protegida, ya que de lo contrario, puede acarrear un grave problema de seguridad o como mínimo, de pérdida de la información, lo que conlleva, un enorme esfuerzo y pérdida de recursos económicos.

 Sabía que...

Uno de los virus informáticos más famosos fue el virus I love you. Se propagaba mediante correo electrónico en el que se adjuntaba un archivo de texto que en teoría, era una carta de amor pero que al ejecutar el archivo, infectaba el ordenador. Fue capaz de infectar a 45 millones de ordenadores.

Cuando un usuario normalmente trabaja con un volumen grande de datos mediante hojas de cálculo, le surge la necesidad en ocasiones de relacionar los datos contenidos en determinadas celdas, con documentos que justifican dichos datos, anexos, material adicional, etc., que se encuentran ubicados en lugares distintos a la propia hoja de cálculo como por ejemplo, un servidor red, una intranet o Internet.

Esto se realiza mediante la función **HIPERVINCULO;** si el usuario hace clic en la celda que contiene dicho hipervínculo, la hoja de cálculo abrirá el documento que se encuentra almacenado en la ubicación que indica dicho hipervínculo.

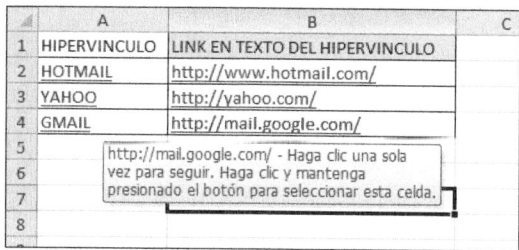

	A	B	C
1	HIPERVINCULO	LINK EN TEXTO DEL HIPERVINCULO	
2	HOTMAIL	http://www.hotmail.com/	
3	YAHOO	http://yahoo.com/	
4	GMAIL	http://mail.google.com/	
5		http://mail.google.com/ - Haga clic una sola	
6		vez para seguir. Haga clic y mantenga	
7		presionado el botón para seleccionar esta celda.	
8			

Ejemplo de hipervínculo en una hoja de cálculo desde donde se puede acceder a la dirección web indicada.

Actividades

17. Enumere las ventajas e inconvenientes de la utilización de Hipervínculos en las Hojas de cálculo tanto de Microsoft Excel como de Calc de LibreOffice.

6. Métodos de acceso, protección y control de la información por el usuario a través de las bases de datos

Las bases de datos, como grandes almacenes de información de diverso tipo que son, son objeto de vulneraciones en su seguridad como consecuencia de accesos de usuario no permitidos, posibilidad de sustracción de datos y/o información, borrado, manipulación, etc., por lo que el gran problema de todo administrador de base de datos es lograr que un sistema de base de datos sea utilizado para las funciones para las que ha sido creado y por los usuarios debidamente autorizados.

Para ello, las bases de datos deben protegerse frente a posibles ataques externos (Internet), frente a posibles fallos o caídas del sistema de *software* o del equipo físico y ante la manipulación de usuarios que no se encuentran autorizados para el acceso a la base de datos. Por tanto, se establece una serie de medidas de seguridad que abarcan:

- Medidas físicas para controlar el acceso a los equipos físicos mediante el uso de tarjetas de acceso a las salas donde se encuentran los equipos informáticos, vigilancia por medio de videocámaras, personal de seguridad, etc.
- Medidas personales para realizar un control exhaustivo del personal autorizado mediante la identificación directa del personal por los sistemas de vigilancia.
- Medidas establecidas en los propios sistemas gestores de bases de datos, que proporcionan herramientas suficientes para no solo el control de acceso a la base de datos, sino a la protección y control de la información para evitar la manipulación indebida de los datos e información, todo ello mediante el establecimiento de perfiles de usuario, niveles de acceso, password, etc.

Por tanto, la seguridad, se puede clasificar en dos grandes tipos o bloques:

- Seguridad discrecional, la cual, otorga y desprovee de privilegios a los usuarios en sus distintos niveles de acceso a la base de datos.
- Seguridad obligatoria, imponiendo distintos niveles de seguridad tanto a individuos como a los propios datos de la base de datos mediante la implantación de roles y password.

Por consiguiente, en todo sistema gestor de bases de datos, se van a clasificar todos sus usuarios en dos tipos:

- Usuario con derecho de creación, modificación y borrado incluido el privilegio de conceder autorizaciones a otros usuarios.
- Usuarios con derecho a consultar o como mucho, actualizar los datos.

En conclusión, el objetivo fundamental de todo control de acceso, modificación, etc., de la base de datos, es protegerla de todo acceso no autorizado y para ello, la seguridad en la base de datos debe estar basada en:

- La confidencialidad de la información.
- La integridad de la información
- La disponibilidad de la información.

 Aplicación práctica

Como especialista en la materia, le han encargado que realice una lista de las distintas medidas a tomar para garantizar la protección y control de la información contenida en la base de datos de la empresa que le ha contratado. Deberá tener en cuenta que la base de datos aún no se encuentra en funcionamiento, pues está en la fase de diseño.

SOLUCIÓN

En principio, algunas de las medidas más importantes serían:

I Al encontrarse en fase de diseño la base de datos de la organización, una de las primeras medidas a implantar serán aquellas que provean a la propia base de datos del establecimiento de una serie de protocolos de seguridad, como son:

   I Que la base de datos tenga capacidad de crear usuarios con distintos niveles y autoridades para realizar un número determinado de acciones.
   I Establecimiento de contraseñas de acceso a la base de datos.
   I Establecimiento de accesos restringidos a determinados datos.
   I Establecimiento de cortafuegos y sistemas de detección de virus y eliminación.

I Medidas físicas para el control del acceso del personal al lugar físico donde se encuentra el hardware de la base de datos.
I Determinar el procedimiento para la adjudicación del rol de administrador a la persona adecuada, para que esta pueda establecer una serie de niveles de acceso y roles a los distintos usuarios que van a manipular la base de datos.

7. Aplicación de distintos comandos de las bases de datos

Las distintas funciones o comandos que ofrecen tanto el *software* de bases de datos, como las hojas de cálculo usadas como bases de datos, posibilitan al usuario realizar multitud de acciones para el tratamiento de los datos contenidos en dichas bases y su posterior análisis y elaboración de informes.

Desde consultas sencillas y funciones simples como suma o promedio, hasta la elaboración de consultas muy elaboradas y complejas y la realización de tablas dinámicas, gráficos, informes, etc., auxilian al usuario en la correcta interpretación de los datos tratados, con el único objetivo de satisfacer la demanda de información de este o la correcta toma de decisiones por parte de las organizaciones.

7.1. Búsquedas y consultas de información en materia de consumo

A la hora de realizar las búsquedas o consultas demandadas por los usuarios en las bases de datos, estos han de tener claro cuáles son los objetivos o el tipo de información que pretenden obtener. Para ello, conceptos y palabras clave en consumo, así como el conocimiento de las técnicas básicas de tratamiento de la información en dicha materia, son fundamentales para la elección correcta de la herramienta o función necesaria, para realizar la búsqueda o consulta en la base de datos.

Funciones como **SUMA, PROMEDIO, BDCONTAR, BDEXTRAER, BDVAR,** etc., son fundamentales a la hora de obtener determinados datos que van a reportar información estadística en materia de consumo al usuario.

Además, consultas realizadas en las tablas de datos mediante lenguaje SQL, como el utilizado en *software* Access del paquete Microsoft Office o base de datos de LibreOffice, así como la utilización de funciones o herramientas de búsqueda de datos en las hojas de cálculo como por ejemplo, **buscar, buscarv,** etc., ayudan de manera considerable al trabajo de localización de la información deseada por el usuario.

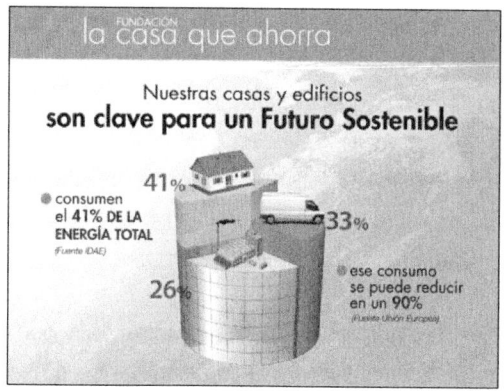

Ejemplo de gráfica del consumo de energía obtenida mediante el procesamiento de datos

7.2. Análisis de los resultados de las consultas a bases de datos

Todo el proceso de análisis de las consultas realizadas a petición de los usuarios, de los datos contenidos en las bases de datos, se realizan actualmente mediante la utilización de comandos y funciones de auditoría en *software* como hojas de cálculo.

La corrección automática o manual mediante las funciones de auditoría, ayudan a corregir los posibles errores en los datos, fórmulas y consultas realizadas en bases de datos en consumo, que de otra manera, sería laborioso y tedioso de realizar.

Así mismo, la utilización de referencias circulares, formatos condicionales para la muestra e interpretación de los datos contenidos en las bases de datos, ayudan a la obtención e interpretación de la información en consumo. También, y gracias a la creación de diversos escenarios, el usuario es capaz de recrear las distintas situaciones que se pueden producir en un futuro, teniendo en cuenta las distintas variables que pueden afectar a los datos en consumo, como por ejemplo, la demanda interna, el sector exportación, el sector importación, tipos de interés, etc.

7.3. Elaboración de informes de la base de datos en consumo

Para mostrar de manera expositiva, los resultados obtenidos por las consultas y búsquedas en las bases de datos en consumo y su posterior análisis, los usuarios tienen a su disposición distintos tipos de herramientas de generación de informes, los cuales pueden encontrarse en cualquier tipo de *software* de gestión de base de datos.

Informes predefinidos por los propios sistemas, así como personalizados por el usuario para el procesamiento de determinados datos, son fundamentales para obtener la información necesaria para la toma de decisiones de las organizaciones u organismos públicos.

Además, todas estas herramientas de generación de informes, se complementan con la generación de gráficos de muy distinta forma y tipo, que ayudan considerablemente a la cumplimentación del informe y a la explicación en forma resumida de determinados datos o partes del mismo informe.

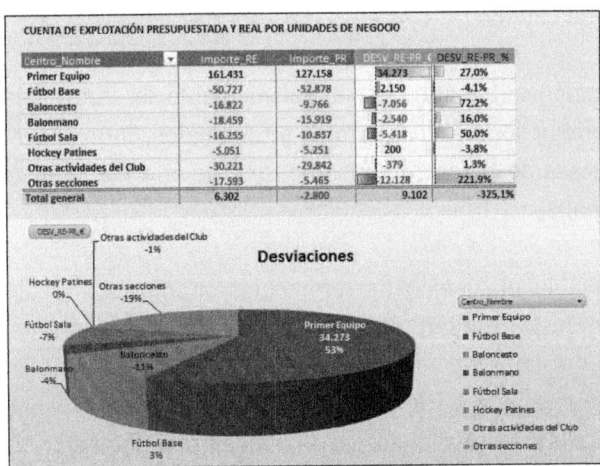

Ejemplo de informe y gráfico elaborado en una hoja de cálculo

Actividades

18. A la hora de realizar la búsqueda de información en consumo, ¿qué aspectos ha de tener en cuenta el demandante de dicha información?

8. Análisis de información y reclamaciones por sectores específicos

La información en consumo se encuentra almacenada en diversas bases de datos pertenecientes tanto a organismos u organizaciones públicas o privadas. Clasificadas por materias de consumo, así como sectores clave dentro del ámbito económico, las bases de datos relacionadas con el tema a nivel nacional e internacional son las más usadas debido principalmente, a la facilidad de acceso, ya que la mayoría son de carácter público.

8.1. Información estadística por tipo de sector y motivo de la reclamación

Una gran parte de la información en materia de consumo, va a estar en las distintas bases de datos a nivel nacional o internacional, formada por un conjunto enorme de datos e informaciones estadísticas las cuales, se van a estructurar en función del ámbito específico al que hacen referencia, es decir, al sector económico al que van a pertenecer. De hecho, muchas bases de datos en consumo, van a ser específicas de determinados sectores, debido a la importancia que pueden tener estos, en la economía en su conjunto.

Como muestra, la base de datos del Instituto Nacional de Estadística (INE), en la que se pueden obtener información por sectores de actividad así como, de un gran número de variables e indicadores que afectan al consumo nacional.

Las bases de datos más utilizadas a nivel de consumo, ya sean a nivel nacional o internacional, son:

- **El catálogo de bases de datos de las encuestas del CIS:** en este extensísimo catálogo, los datos que se encuentran en sus bases de datos, propiedad del Centro de Investigaciones Sociológicas, van a ser tanto de carácter cuantitativo como cualitativo. Además, los estudios que realiza este organismo autónomo dependiente del Ministerio de la Presidencia, van acompañados de resúmenes de los temas sobre los que hacen referencia así como, descripciones técnicas de los mismos.

- **El Consejo de Juventud de España (CJE):** posee una base de datos documental, así como de publicaciones sobre temas relacionados con la juventud: educación, salud, tiempo libre, sociología, política, etc.

- **Dirección General de Consumo:** a través del CIDOC, el instituto pone a disposición de los usuarios un listado amplio de bases de datos, donde se pueden localizar distintos temas referentes al consumo, así como legislación, publicaciones periódicas, etc.

- **Bases de datos y fondos documentales de distintos ministerios:** como por ejemplo el de Alimentación, donde se puede consultar los datos de consumo alimenticio de los hogares españoles.

- **El Instituto Nacional de Estadística (INE), institutos autonómicos y europeos (Eurostat):** en ellos, los usuarios pueden encontrar abundante información estadística en materias muy diversas y en concreto en materia de consumo en sus distintos niveles de ámbito competencial.

- **La Organización Mundial del Comercio (OMC):** esta organización posee múltiples bases de datos relacionadas con el consumo y el comercio en el ámbito internacional.

 Actividades

19. ¿En qué tipo de bases de datos se va a encontrar la mayor parte de la información en consumo existente en la actualidad? Exponga algunos ejemplos.

Es evidente la gran cantidad de bases de datos en las cuales los usuarios pueden encontrar la información deseada. Tan solo es necesario determinar cuáles son sus requisitos de búsqueda, así como sus necesidades de información, para acudir a la fuente correcta.

9. Resumen

La determinación de los contenidos que van a ser catalogados y archivados para su posterior tratamiento por el usuario, es el principal requisito para crear una base de datos en consumo eficiente, siendo la forma más eficaz de gestionarla mediante el uso de un sistema gestor de bases de datos.

Como ejemplo, el CIDOC, es uno de los mejores espacios donde se albergan distintas bases de datos en materia de consumo. Tan solo es necesario conocer el funcionamiento de los distintos motores de búsqueda de información así como, del lenguaje documental utilizados en ellos.

Los sistemas gestores de bases de datos se establecen como la mejor opción a la hora de crear, gestionar y mantener una base de datos eficiente y eficaz, para ello, son necesarios multitud de recursos que pasan desde, la formación del personal encargado de su gestión hasta, la necesidad de contar con un numero de recursos considerables, tanto para su puesta en funcionamiento como para su mantenimiento. No todas las organizaciones pueden permitirse este tipo de sistemas de bases de datos.

Una opción muy válida es la utilización de *software* específico de base de datos, como Access, o utilizar una hoja de cálculo, como Excel, ambos del paquete office de Microsoft. Ambos sistemas, permiten mediante la utilización de múltiples funciones, comandos y herramientas, el procesamiento adecuado de la información contenida en las tablas de sus bases de datos.

Aun así, existen multitud de bases de datos públicas en las cuales, los usuarios pueden encontrar la información deseada en cantidad y soporte adecuado, tanto a nivel nacional como internacional, como en el caso del CIDOC o el Eurostat.

Ejercicios de repaso y autoevaluación

1. **Complete el siguiente texto.**

   El CIDOC, se encarga dentro de la _____ General de _____ de la _____ y _____ de la información necesaria a los _____ y a las organizaciones y administraciones encargadas de la _____ de sus derechos.

2. **Marque la opción correcta. La relación que se establece entre una tabla con uno o más registros de otra tabla y viceversa se denomina:**

   a. Relación de uno a uno.
   b. Relación de varios a varios.
   c. Relación de uno a varios.
   d. Ese tipo de relación no es posible establecer entre las tablas.

3. **Defina base de datos documental y enumere los distintos tipos que pueden existir:**

   _____
   _____
   _____
   _____

4. **Relacione los siguientes términos de las tablas con sus sinónimos.**

   a. Tupla
   b. Cardinalidad
   c. Tabla
   d. Grado
   e. Atributo

   __ Registro
   __ Número de filas
   __ Fichero
   __ Número de campos
   __ Campos

5. ¿Qué diferencia existe entre palabras clave generales y específicas?

_____

_____

_____

_____

_____

_____

_____

6. ¿Qué problemas conlleva para una base de datos la redundancia de la información contenida en ella?

_____

_____

_____

_____

_____

_____

_____

7. Señale si las siguientes afirmaciones sobre los usuarios profesionales de las bases de datos, son verdaderas o falsas.

   a. Los directivos son aquellas personas encargadas de controlar el desarrollo del proyecto de creación de la base de datos.

      ☐ Verdadero
      ☐ Falso

   b. Los administradores son aquellas personas encargadas de la gestión del sistema gestor de base de datos.

      ☐ Verdadero
      ☐ Falso

c. El personal de mantenimiento son aquellas personas encargadas de dar soporte a los usuarios en el día a día de trabajo con el sistema gestor de bases de datos.

☐ Verdadero
☐ Falso

8. ¿Qué es la migración de datos?

_____
_____
_____
_____

9. Para la extracción de un conjunto de datos de una lista mediante el establecimiento de una serie de criterios impuestos por el usuario, se utiliza la función de...

a. ... subtotales.
b. ... filtrado.
c. ... validaciones.
d. ...ordenación.

10. Complete el siguiente texto.

Con la _____ de datos, la hoja de cálculo permite establecer la _____ de los _____ correctos a _____ en las celdas que conforman la _____ de _____.

11. **Sopa de letras. Busque los cinco comandos de manipulación y formato de las hojas de cálculo.**

B	S	U	M	A	S	B	D	T	Y
S	D	B	I	N	S	D	U	F	B
C	B	M	U	D	E	M	X	D	C
U	D	C	I	A	S	A	E	F	E
N	C	N	V	N	C	X	M	A	S
H	O	T	D	U	T	E	K	Z	J
S	N	R	C	R	T	L	M	I	N
P	T	L	A	M	A	Y	S	C	L
A	A	E	X	C	N	T	R	L	D
P	R	A	V	B	D	S	R	O	L

12. **Complete el siguiente texto.**

Cuando una _____ de la hoja de cálculo tiene una _____ que hace referencia a su _____ celda, el _____ se encuentra ante lo que se denomina _____.

13. **El formato condicional como función de análisis de datos, permite...**

   a. ... obtener gráficos con distinto formato.
   b. ... únicamente dar formato a las celdas que contienen los datos.
   c. ... resaltar celdas o rangos de celdas destacando valores inusuales mediante la utilización de iconos, colores, etc.
   d. ... personalizar los informes, tablas y gráficos dinámicos de las hojas de cálculo.

14. **Las medidas para controlar de manera exhaustiva el personal autorizado mediante la identificación directa se denominan:**

    a. Medidas Físicas.
    b. Medidas establecidas por el sistema gestor de base de datos.
    c. Medidas Personales.
    d. Mediadas Lógicas.

15. **Algunas de las bases de datos en consumo más importantes a nivel internacional son:**

    a. El CJE.
    b. El catálogo de bases de datos de las encuestas del CIS.
    c. La Dirección General de Consumo a través del CIDOC.
    d. La OMC y el Eurostat.

Bibliografía

Monografías

▌AGUILAR González, R.: *Monografía sobre motores de búsqueda.* 2002.

▌BARRUECO, J. M.: *La edición digital.* Universidad de Valencia.

▌BORGOÑÓS Martínez, M. D.: *Clasificación de documentación: Ordenación alfabética y ordenación numérica.* Responsable de colección de la hemeroteca de la facultad de economía y empresa. Universidad de Murcia.

▌BUSTELO Ruesta, C.: Serie ISO 30300: *Sistemas de gestión para los documentos.* Octubre 2011.

▌CANTÚ A. y MORENO, J. L.: *Redacción y presentación de informes técnicos.* 2011.

▌CCANCE, S.: *Herramientas de auditoría. Excel 2010.* Manual de referencia para usuarios.

▌CODINA, L.: *Metodología de análisis y evaluación de recursos digitales en línea.* UPF, Área de biblioteconomía y documentación, 2006.

▌MARTÍN Gavilán, C.: *Lenguajes documentales, principales tipos de clasificación. Encabezamientos de materia, descriptores y tesauros.* Temas de biblioteconomía, 2009.

▌MERLO Vega, J. A.: *Fuentes de Información.* Universidad de Salamanca, 2011.

▌ PINO, J.: *Bases de datos documentales.* Área de documentación de la Universidad de Málaga, junio 2008.

▌ RAMOS, Mª J., RAMOS, A. y MONTERO F.: CEO-*Sistemas gestores de bases de datos.* Editorial McGraw-Hill.

▌ RODRÍGUEZ Yunta, L.: Bases de datos documentales: estructura y uso. En: MALDO-NADO, Ángeles (coord.): *La información especializada en Internet.* Madrid: CINDOC, 2001

▌ SÁNCHEZ Asenjo, J.: *Sistemas de gestión de bases de datos.* Creative Commons, 2009.

▌ SORIANO Jiménez, I.: *Análisis documental y lenguajes documentales. Curso de auxiliares de bibliotecas y centros de documentación.*

Legislación y Normativa

▌ Reglamento (UE) 2016/679 del parlamento europeo y del consejo de 27 de abril de 2016, relativo a la protección de las personas físicas en lo que respecta al tratamiento de datos personales y a la libre circulación de estos datos y por el que se deroga la Directiva 95/46/CE. (RGPD).

▌ Constitución Española de 1978.

▌ Ley Orgánica 3/2018, de 5 de Diciembre, de Protección de Datos Personales y garantía de los derechos digitales.

▌ Real Decreto Legislativo 1/2007, de 16 de noviembre, por el que se aprueba el texto refundido de la Ley General para la defensa de los consumidores y usuarios y otras leyes complementarias.

▌ Real Decreto Legislativo 1/1996, de 12 de Abril, por el que se aprueba el texto refundido de la Ley de Propiedad Intelectual, regularizando, aclarando y armonizando las disposiciones legales vigentes sobre la materia. BOE nº 97 de 22 de abril de 1996.

UNE-EN 15713:2024 Destrucción segura del material confidencial. Código de buenas prácticas.

Norma ISO 25964-1:2014. *Documentation. Guidelines for the establishment and development of monolingual thesauri.*

UNE-EN ISO/IEC 27001:2023. Seguridad de la información, ciberseguridad y protección de la privacidad. Sistemas de gestión de la seguridad de la información. Requisitos.

Norma UNE-ISO 30301:2019. Información y documentación. Sistemas de gestión para los documentos. Requisitos.

Textos electrónicos, bases de datos y programas informáticos

Agencia Española de Protección de Datos, de: <https://www.aepd.es/es>.

Centro de Información y Documentación del Consumo. CIDOC, Dirección General de Consumo, de: <https://cidoc.consumo.gob.es>.

Directorios: definición, características y contenido. Biblioteca Nacional de España, de: <http://www.bne.es/es/Micrositios/Guias/ObrasReferencia/AnuariosDirectorios/Directorios/>.

Estudio de los distintos formatos de ficheros. Junta de Andalucía, de: <http://www.juntadeandalucia.es/averroes/centros-tic/29009272/helvia/sitio/upload/Estudio_de_los_distintos_formatos_de_ficheros.pdf>.

Eurostat, de: <https://ec.europa.eu/eurostat/fr/home>.

Instituto Nacional de Estadística, de: <https://www.ine.es/>.

ISO 27000.es El Portal de la ISO 27000 en Español, de: <http://www.iso27000.es/>.

ISO, de: <http://www.iso.org>.

❚ La biblioteca digital. Dora Pérez, Biblioteca de la Universitat Oberta de Catalunya, de: <http://www.uoc.edu/web/esp/articles/La_biblioteca_digital.htm>.

❚ Leyes sobre derechos de autor y propiedad intelectual a nivel internacional WIPO Lex Búsqueda, de: <https://www.wipo.int/search/es>.

❚ Real Academia Española. Diccionario de la Lengua Española, de: <http://www.rae.es>.

❚ Sistemas de clasificación de la información. Hassan Montero, Yusef y Martín Fernández, Francisco J., de: <http://www.nosolousabilidad.com/articulos/sistemas_clasificacion.htm>.

❚ Soporte Microsoft Office, de: <http://office.microsoft.com/es-es/excel-help/>.